मल्टी-टैलेन्टेड हनुमान

Multi-Talented Hanuman

पं. श्री धीरेन्द्र कृष्ण शास्त्री,
'श्री बागेश्वर धाम सरकार'
पीठाधीश्वर, श्री बागेश्वर धाम

Published by

Invincible Publication Pvt. Ltd.

प्रकाशक :

इनविंसिबल पब्लिकेशन प्रा. लि.

1103-A, 11th Floor, SAS टावर, सेक्टर-38, गुरुग्राम (हरियाणा) – 122003

फ़ोन: +91-124-4034247

वेबसाइट: www.invinciblepublishers.com

सेल्स ऑफिस

4760-61/23 बेसमेन्ट, प्रताप स्ट्रीट अंसारी रोड, दरियागंज नई दिल्ली-110002

फ़ोन: +91-11-40198405

ई-मेल: invinciblepublishers@gmail.com

भारत में वर्ष 2025 में सबसे पहली बार प्रकाशित |

संस्करण

प्रथम संस्करण – 2025

पुस्तक का नाम: मल्टी-टैलेन्टेड हनुमान

लेखक: पं. श्री धीरेन्द्र कृष्ण शास्त्री, 'श्री बागेश्वर धाम सरकार'

ISBN: 978-93-5886-263-8

अनुक्रम

संकेत विवरण

किष्किंधा.	-	किष्किंधाकाण्ड
चौ.	-	चौपाई
दो.	-	दोहा
बाल.	-	बालकाण्ड
रा.च.मा.	-	रामचरितमानस
लंका.	-	लंकाकाण्ड
सुन्दर.	-	सुन्दरकाण्ड
सो.	-	सोरठा
ह. चा.	-	हनुमान चालीसा

प्रस्तावना - पुस्तक का परिचय व लेखक का संदेश

प्रिय साधकों ! प्रिय पाठकों ! हम आप लोगों को हनुमान जी का साधक देखना चाहते हैं। हनुमान जी की भक्ति से जोड़ना चाहते हैं। हनुमान जी की साधना में जोड़ना चाहते हैं। हमने सोचा, सांसों का क्या भरोसा ! मान लो हमें कुछ हो गया तो कहीं हनुमान जी की साधनाएं गुप्त न रह जाएं। इसलिए उन गुप्त साधनाओं को हमने पुनः प्रकाशित किया है।'मल्टी-टैलेंटेड हनुमान' पुस्तक में हनुमान जी के शाबर मंत्र, हनुमान जी के सिद्ध प्रयोग, कलयुग में हनुमान जी को किस-किसने पाया, किस प्रकार से उन्होंने पाया और आप कैसे कैसे पा सकते हैं; हमने इस पुस्तक में लिखा है।

हमें यह बताते हुए अद्भुत गौरव है कि भारत को अगर विश्वगुरू बनाना है तो, हमने जितना हनुमान जी को अपनी छोटी सी मति से समझा, जाना; उसके लिए प्रत्येक व्यक्ति को हनुमान जी का चरित्र पढ़ना व उसको अपने जीवन में उतारना बहुत आवश्यक है।

भारत को वर्तमान में पुनः विश्वगुरु की उपाधि पर पहुँचने की आवश्यकता है। भारत को विश्वगुरु बनाना है तो हनुमान जी का चरित्र जानने के लिए हम इसलिए कह कर रहे हैं क्योंकि हनुमान जी एक मल्टी-टैलेंटेड देव हैं, बहु-आयामी चरित्र हैं। किसी भी विचारधारा के आदमी के लिए हैं, चाहे वो बिज़नेसमैन हो, चाहे वो विद्यार्थी हो अथवा किसी भी मार्ग में कार्य करने वाले हो। यदि आपने इसमें डुबकी लगायी तो हनुमान जी के चरित्र से कुछ सीखकर के ही आप बाहर निकलेंगे। हनुमान जी का चरित्र अपने जीवन में उतारने के लिए यह पुस्तक लाभकारी सिद्ध होगी। प्रिय साधकों –

हमें तुमसे न दान चाहिए।

न हमें मान चाहिए, न सम्मान चाहिए।

न हमें तुमसे अपमान चाहिए,

पाठकों ! हमें तो तुम्हारे हृदय में केवल हनुमान चाहिए॥

पं. श्री धीरेन्द्र कृष्ण शास्त्री,
'श्री बागेश्वर धाम सरकार'
पीठाधीश्वर, श्री बागेश्वर धाम

लेखक का परिचय

पं. श्री धीरेन्द्र कृष्ण शास्त्री

'श्री बागेश्वर धाम सरकार'

यदा यदा हि धर्मस्य ग्लानिर्भवति भारत, अभ्युत्थानमधर्मस्य तदात्मानं सृजाम्यहम् ॥

परित्राणाय साधूनां विनाशाय च दुष्कृताम्, धर्मसंस्थापनार्थाय सम्भवामि युगे युगे ॥

- श्रीमद्भगवद्गीता : ॥ ४ : ७, ८ ॥

जब जब इस धरा पर धर्म की हानि होती है, भगवान् उसे स्थापित करने के लिए अवतार लेते हैं और भूभारहरण करते हैं। त्रेता में श्रीराम, द्वापर में श्रीकृष्ण के रूप में भगवान् ने अवतार लिया था। कुछ सहस्र वर्ष पूर्व ऐसा ही अवसर आया था जबकि भगवान् श्री आदि शङ्कराचार्य जी ने इस धरा पर सनातन धर्म की पुनर्स्थापना की थी। आज पुनः ब्रह्मनिष्ठ साधु संतो की तपोभूमि, भारतमाता उसी प्रकार से सनातन धर्म की पुनर्स्थापना मांग रही है। इस कार्य को करने का बीड़ा उठाया है पं. श्री धीरेन्द्र कृष्ण शास्त्री जी ने।

भारत में कई ऐतिहासिक मठ-मंदिर, आश्रम और धाम प्रतिष्ठित हैं। ऐसा ही एक तीर्थ है - बागेश्वर धाम, मध्य प्रदेश के छतरपुर ज़िले के गढ़ा गांव में। यहां पर लगभाग ३२५ वर्षों से भी अधिक समय से प्राचीन स्वयंभू महादेव एवं श्री बालाजी सरकार का दिव्य स्थान है। ऐसी किंवदंती है कि उत्तराखंड के बागेश्वर धाम से शिवलिङ्ग को लाकर यहां प्रतिष्ठित किया था इसीलिए इन्हें बागेश्वर महादेव भी कहा जाता है। वर्तमान में इस बागेश्वर धाम के पीठाधीश्वर हैं पं. श्री धीरेन्द्र कृष्ण शास्त्री जी, जिन्हें सारा संसार 'श्री बागेश्वर धाम सरकार' के नाम से संबोधित करता है।

४ जुलाई १९९६ को मध्यप्रदेश के छतरपुर ज़िले के ग्राम गढ़ा में सरयूपारीय ब्राह्मण परिवार में पिता श्री रामकृपाल जी महाराज और भक्तिमति माता श्रीमति सरोज जी के परिवार में जन्मे श्री धीरेन्द्र जी का बचपन निर्धनता और तंगहाली में बीता। लगभग ३०० वर्ष पूर्व जिस मानव कल्याण और जनसेवा की परंपरा को श्री संन्यासी बाबा, परम पूज्य संत श्री भगवान् दास जी गर्ग महाराज ने आरंभ किया था, उसी परंपरा को वे और आगे बढ़ा रहे हैं। इनसे पहले इस परंपरा को आगे बढ़ाया इनके 'पूज्य दादाजी' संत श्री श्री सेतुलाल गर्ग वैष्णव जी ने। और इनसे पिछली पीढ़ी में श्री सेतुलाल जी के चाचाजी, संत श्री श्री गोले महाराज गर्ग, 'कक्काजी' हुए। इन्हें लोग 'चश्मावाले बाबा' नाम से भी जानते थे।

बागेश्वर धाम बालाजी के अनुग्रह, श्री संन्यासी बाबा और दादा गुरुजी के आशीर्वाद और अपने जप-तप व साधना के प्रताप से पं. श्री धीरेन्द्र जी को अनेक सिद्धियां प्राप्त हैं। इनमें से एक सिद्धि है कि वे बिना किसी के बताए सामने वाले का दुःख, दर्द, परेशानियां जान जाते हैं और साथ ही उसका कारण और उसका निदान भी जान जाते हैं। इस सिद्धि को दिव्य दरबार के माध्यम से पं. श्री धीरेन्द्र जी ने पूर्णतः बागेश्वर धाम के भक्तों व अन्य जनमानस के सेवार्थ उनके दैहिक, मानसिक, भौतिक व दैविक दुःखों के निवारणार्थ समर्पित कर दिया है।

कण-कण में विष्णु बसे, जन-जन में श्रीराम।
प्राणों में माँ जानकी, मन में बसे हनुमान॥

चित्र: पं. श्री धीरेन्द्र कृष्ण शास्त्री, 'श्री बागेश्वर धाम सरकार'

पं. श्री धीरेन्द्र जी श्रीराम, श्रीहनुमान, श्रीमद्भागवतम्, श्रीगणेश, श्रीदुर्गामाता व भक्तमाल आदि कथाएं सुनाकर लोगों में ईश्वर के प्रति प्रेम जगाने का काम बहुत अच्छे से कर रहे हैं। छोटी आयु से ही उन्होंने इन सभी कार्यों का श्रीगणेश कर दिया था। उनका कथा कहने का अंदाज़ ऐसा निराला है कि बच्चे, युवान्, बूढ़े, स्त्री-पुरुष सब लाखों की संख्या में खिंचे चले आते हैं।

श्री बागेश्वर धाम के पीठाधीश्वर श्री धीरेंद्र कृष्ण शास्त्री जी ने भारतवर्ष में सामाजिक सरोकार के साथ जाति-पाँति, पंथ-कुपंथ, छूत-अछूत, अगड़ा-पिछड़ा के भेदभाव को मिटाने, सुदृढ हिंदू समाज गठित करने व हिन्दुओं को जगाने के लिए भारत भर में पदयात्राएं करने का संकल्प लिया है। पहली

पदयात्रा सन् २०२४ में श्री बागेश्वर धाम से श्री ओरछा धाम तक हुई, जिसमें न केवल भारतवर्ष बल्कि देश-विदेशों से अनेकों साधु-संतों-महन्तों-महात्माओं, नेताओं, अभिनेताओं, व्यापारियों, खिलाड़ियों, कलाकारों 'व सामान्य जनमानस ने बढ़-चढ़कर भाग लिया। उनकी अन्य पदयात्राएं हैं नई दिल्ली से वृंदावन, लखनऊ से अयोध्या धाम, बैल्लूर से श्री तिरुपति बालाजी व अन्य।

पं. श्री धीरेन्द्र कृष्ण शास्त्री जी के संकल्पों ने समाज कल्याण और लोक कल्याण की एक अलग परिभाषा गढ़ी है। महाराजश्री के संकल्पों के जीते-जागते उदाहरण हैं - धाम परिसर में चल रही अन्नपूर्णा रसोई, धाम की चढ़ोत्री से प्रतिवर्ष निर्धन और बेसहारा बेटियों का विवाह, वैदिक शिक्षा के लिए धाम परिसर में गुरुकुल, पर्यावरण संरक्षण के लिए देशभर में बागेश्वर बगिया, गौरक्षा के लिए प्रेरणा – 'गोशाला नहीं उपाय, एक हिन्दू एक गाय!' और बेसहारा बच्चों के लिए रहने खाने से लेकर शिक्षा की व्यवस्था करना।

हमारी दृष्टि में हनुमान जी

'हमारी दृष्टि में हनुमान जी' के हमने कुछ बिंदु लिए हैं जो आपके लिए बहुत काम के हैं, जो सीखने योग्य हैं -

१. हनुमान जी ने क्या-क्या किया →

हनुमान जी चारों युगों में पूज्य हैं। हमारी दृष्टि में कलियुग के राजा हनुमान जी हैं। हमारी दृष्टि में –

अ) प्रथम विदेशयात्री हनुमान जी →

(Hanuman ji, the first one to travel overseas)

भारत के, विश्व के प्रथम विदेशयात्री हनुमान जी हैं, जो बिना वीज़ा, पासपोर्ट के लंका गए। भई, अगर कोई कहे जानकी माता को या रावण को कोई विदेशयात्री कहे, तो रावण आया था छल के साथ और जानकी माता का हरण हुआ था। पर अगर प्रथम विदेश यात्री कहा जाए जो प्लानिंग के साथ गया उनका नाम है - हनुमान।

आ) प्रथम अंतरिक्ष यात्री हनुमान जी →

(Hanuman ji, the first astronaut)

प्रथम अंतरिक्ष यात्री, एस्ट्रोनॉट हनुमान जी हैं, सूर्य को खाने वाले, सूर्य को निगलने वाले।

इ) प्रथम एंडोस्कोपी करने वाले हनुमान जी →

(Hanuman ji, who did the first endoscopy)

प्रथम एंडोस्कोपी करने वाले अगर कोई हैं तो उनका नाम हनुमान जी है। सुरसा के मुख में जाकर पेट के लिवर, किडनी देख करके बाहर निकल आए। तो, हमारी दृष्टि में प्रथम एंडोस्कोपी करने वाले भी हनुमान जी हैं।

ई) प्रथम विदेशी मित्र बनाने वाले हनुमान जी →

(Hanuman ji, the first one to make a foreign friend)

प्रथम विदेशी मित्र बनाने वाले यदि कोई हैं तो वो हनुमान जी हैं, विभीषण को अपना मित्र बनाया। प्रथम विश्व का समझौता करने वाले अगर कोई हैं तो हमारी दृष्टि में हनुमान जी हैं। और प्रथम सद्गुरु अगर कोई हैं तो वो भी हनुमान जी हैं –

जै जै जै हनुमान गोसाईं। कृपा करहु गुरुदेव की नाईं॥

ह. चा.: ३७

२. ज्ञान की भूख (Knowledge के लिए life जियें) →

हनुमान जी से सीखने योग्य है, ज्ञान की भूख। ज्ञान की भूख, लगन, नियमितता। और वो हनुमान जी से कैसे सीखें ? सूर्य को खाने के लिए लगन के साथ एक छलांग मारी और सूर्य को खा गये। हनुमान जी से पहली शिक्षा, लगन के साथ भूख। हनुमान जी का जीवन भूख से प्रारंभ होता है। हमें हमेशा ज्ञान (knowledge) पाने के लिए पढ़ना चाहिये –

सुनहु मातु मोहि अतिसय भूखा। लागि देखि सुंदर फल रूखा॥

रा.च.मा.: सु.: दो.१६: चौ. ०७

हनुमान जी को भूख लगती है। भूख का मतलब है सीखने की, ज्ञान पाने की भूख। सूर्य हैं भास्कर, विद्या के देवता। जिस व्यक्ति को बचपन से प्रारंभ में पहली भूख ज्ञान की, पढ़ाई पढ़ने की और दुनिया को समझने की यदि लगे तो निश्चित रूप से वो हनुमान जी के चरित्र पर चल रहा है। हनुमान जी से यह सीखना है। हनुमान जी ने सूर्य को निगला, खाया। सूर्य को खाने का मतलब ये नहीं है कि हनुमान जी को कोई चमत्कार दिखाना था अपितु सूर्य को खाने

के पीछे तर्क छिपा हुआ है कि हनुमान जी ये बताना चाहते हैं कि बचपन काल में ही पहली भूख व्यक्ति को ज्ञान की लगनी चाहिए; विद्या की, संसार को समझने की भूख होनी चाहिए और अगर ये नहीं कोई कर पाया तो उसका जीवन बहुत बेकार हो जाता है। व्यक्ति विश्व से अनभिज्ञ हो जाता है।

३. संकट से कैसे निपटें? (Problem का solution कैसे करें?) →

हनुमान जी की दूसरी शिक्षा है, संकट से कैसे निपटें? ये बहुत बेहतरीन है। आप कभी सुंदरकांड पढ़ेंगे या टी. वी. पर देखेगें तो लंका में जाते हुए उनको सुरसा नाम की एक देवी मिलती है वो कहती है कि मैं तुम्हें खा जाऊँगी, मुझे देवताओं ने भेजा है। हनुमान जी कहते हैं कि पहले तो हमें रामकाज करने दो। जब वो नहीं मानी तो वे बोले कि खा जाओ। उसने खाने के लिए अपना मुँह बढ़ाया, तो हनुमान जी ने अपना रूप बढ़ाया। उसने सोलह योजन का मुख किया तो हनुमान जी ने अपना रूप बत्तीस योजन का कर लिया। और जैसे ही उसने शत योजन[1] किया, शत यानि सौ योजन का मतलब लगभग बारह सौ किलोमीटर होते हैं। बारह सौ किलोमीटर का उसने जब मुख किया तो हनुमान जी ने फिर रूप बढ़ाया नहीं, बल्कि हनुमान जी के पास इतनी क्षमता थी कि वो दो सौ योजन का शरीर कर सकते थे। पर हनुमान जी ने ये नहीं किया। कैसे निपटना ज़रा सीखो हनुमान जी से -

सत जोजन तेहिं आनन कीन्हा। अति लघु रूप पवनसुत लीन्हा॥

रा.च.मा.: सुन्दर.: दो. १: चौ. १०

---

१ योजन	= ८ मील
१ मील	= १.६० किलोमीटर
१ योजन	= १२.८ किलोमीटर
१०० योजन	= १२,८०० किलोमीटर

हनुमान जी ने अति लघु रूप, बहुत ही छोटा रूप धारण कर लिया, उसके मुख से पेट में गए और बाहर निकल आए। यह हनुमान जी से दूसरी शिक्षा, कि जब संकट सुरसा की तरह बारह सौ किलोमीटर बड़ा खड़ा हो जाए तब ऐसे संकट से लड़ना उचित नहीं है। अपितु, ऐसे संकट के सामने विनम्र हो करके झुक जाओ वह संकट निकल जाएगा। संकट का भी मान रहेगा, समस्या के अहंकार को भी चोट नहीं पहुँचेगी और तुम्हारा बाल भी बांका नहीं होगा। संकट से कैसे निपटना चाहिये ये हनुमान जी से सीखना है।

४. विपत्तियों (Problems) में घबराना नहीं →

कोई भी मुसीबत आ जाए तो आदमी घबरा जाता है, हनुमान जी कभी नहीं घबराते हैं। लंका में कभी भी निराश नहीं हुए। कभी भी उनका आत्मविश्वास नहीं डगमगाया। लंका में रावण की सभा में रावण के सामने जहाँ काल भी हाथ जोड़े खड़ा है, मृत्यु बगल में खड़ी है, नवग्रह उल्टे लटके हैं, शनि उल्टे लटके हुए हैं, वायु देवता हाथ जोड़े हुए हैं उस दशानन रावण के सामने जिसका मुख विकराल है; उस की सभा में जहाँ बड़े-बड़े मुख के भयाक्रान्त दानव बैठे हुए हैं उस सभा में हनुमान जी निर्भय होकर खड़े हैं। ये होता है अपना ईष्टबल। अपने आप पर भरोसा, कि हमें अपने कर्म पर, हमें अपनी आराधना पर और अपने ब्रह्मचर्य पर भरोसा है कि हम यहाँ पर हारेंगे नहीं। परिणाम, रावण ने हनुमान जी के बगल में मौत खड़ी कर दी और कहा, "क्यों डर नहीं लगता?" तब हनुमान जी से ज़रा सीखना कि कैसे उनका आत्मविश्वास मज़बूत रहा; वे बोले, "रावण! मौत मेरे बगल में ज़रूर खड़ी है, पर देख तुझे रही है।" ये आत्मभरोसा अगर आपकी ज़िंदगी में अंतिम क्षण तक आ गया तो आप वहाँ से बेझिझक निर्विघ्न जीतकर वापस आएंगे। तो, मल्टी-टेलेंटेड हनुमान जी से हमें यह तीसरी बात सीखनी है कि कैसी भी परिस्थिति में धैर्य को नहीं खोना

है। बहुत से लोग ऐसे समय पर ही धैर्य को खो करके अपने टैलेंट (प्रतिभा, योग्यता, कौशल) को भूल जाते हैं और बर्बाद हो जाते हैं, प्रायः हार जाते हैं। और जो अपने टैलेंट को नहीं भूलता है वो ऐसे समय पर धैर्य रखकर के हारी हुई बाज़ी भी जीत करके आता है।

५. धैर्य (ठहराव) कैसे लायें? →

हमारी दृष्टि में हनुमान जी का चौथा गुण है जीवन में धैर्य। मल्टी-टैलेंटेड हनुमान के जीवन में इतना बल होने के बाद भी विनम्रता और धैर्य बहुत है, मतलब ज़मीन से जुड़े रहना चाहिए, ये हमें हनुमान जी से सीखना है। राक्षस उपद्रव कर रहे, बल बहुत है, परन्तु हनुमान जी अपना बल नहीं दिखा रहे, न अपना मुक्का दिखा रहे, न पूँछ बढ़ा रहे। क्योंकि, उन्हें पता है कि यहाँ पर अभी कुछ भी करेंगे तो यह काटेंगे और मारेंगे। हनुमान जी क्या कर रहे हैं? हाथ जोड़कर रावण के सामने खड़े हैं। और वह रावण जिसने इनके स्वामी का पत्नी का हरण किया उसको भी हनुमान जी 'स्वामी !' 'प्रभु !' कहकर संबोधित कर रहे हैं।

राक्षस लात मारते हैं हनुमान जी को ... हनुमान जी से हमें ये चौथी बात सीखनी है कि हनुमान जी ऐसे समय पर धैर्य रखते हैं। मतलब, ऐसी विकराल परिस्थिति में अगर कोई तुम्हारा तिरस्कार करता है, टीका-टिप्पणी करता है, कोई तुम्हें चिढ़ाता है; तो चिढ़ाने के लिए बहुत क्रोधित होकर के जवाब देने के लिए कुछ भी प्रहार या बकलोल बाजी (मूर्खतापूर्ण आचरण) नहीं करनी है; अपितु, हनुमान जी से सीखना है कि समय की प्रतीक्षा करनी है और एक-एक करके सबसे निपटना है। यह हनुमान जी से 'विनम्रता के साथ धैर्य', चौथी बात हमको सीखनी है।

६. बल (Power) के साथ बुद्धि (Mind) का एक साथ प्रयोग →

हमारी दृष्टि में मल्टी-टैलेंटेड हनुमान जी में पाँचवी बात है - 'बल के साथ बुद्धि का प्रयोग'। बहुत से लोग बल का प्रयोग करते हैं पर बुद्धि का प्रयोग नहीं । हमारे गांव में हमने देखा कि छोटे-छोटे बच्चे जब कोई भी पत्थर को उठाते थे तो छः-छः बच्चे भी मिलकर नहीं उठा पाते थे । लेकिन कोई बुद्धिमान होता था वह दो लोग भी बड़े-से-बड़े पत्थर को उठा लेते थे । वो क्या करते थे.... पत्थर के नीचे लकड़ी अथवा लोहे का सरिया लगा देते थे और और उससे ऊपर उठाते थे उसको हमारी गाँव की भाषा में टान कहते हैं । 'एक टान सौ जवान'एक तरकीब के आगे सौ जवान फ़ेल होते हैं । हनुमान जी इसी टैलेंट के धनी हैं । बल के साथ वो बुद्धि का प्रयोग करते हैं ।

हनुमान जी बुद्धि का प्रयोग कैसे करते हैं ? उनसे कहा कि जाओ संजीवनी बूटी ले आओ । अब संजीवनी बूटी नहीं मिली और समय कम है । उतने समय में संजीवनी बूटी लेके आना है । सभी बूटियाँ चमक रही हैं और वो पहचान नहीं पा रहे कि इनमें से संजीवनी बूटी कौन सी है । अब करें क्या ? हमारे-तुम्हारे जैसा कोई आदमी होता तो पहले पूछने आता कि अब हमें समझ में नहीं आ रहा हम करें क्या ? इधर समय निकल जाता । लक्ष्मण जी परलोक सिधार जाते । पर देखो कितना ग़ज़ब, बल है तो उड़ के गये । अब बुद्धि का क्या प्रयोग किया ? जब एक नहीं पता है तो सब ले चलो । एक-आध तो काम आएगी । दो प्रकार के लोग होते हैं, १) कुछ लोग जो केवल बल का भर प्रयोग करते हैं बुद्धि का प्रयोग नहीं कर पाते और २) कुछ लोग बुद्धि भर का प्रयोग करते हैं तो बल का प्रयोग नहीं कर पाते । पर हनुमान जी मल्टी-टैलेंटेड हैं कि बल के साथ-साथ हमें बुद्धि का, दोनों का प्रयोग सीखना चाहिए ।

अच्छा मान लो, किसी के पास बल हो और बुद्धि न हो तो या तो वो अस्पताल में होगा या जेल में। अगर बल है और बुद्धि नहीं है; उसने किसी कमज़ोर को मार दिया और वो मर गया तो जेल जाएगा। और किसी मोटे-तगड़े को मार दिया और बुद्धि नहीं है तो अस्पताल में।

हनुमान जी ने तीसरी जगह भी बल और बुद्धि दोनों का प्रयोग किया है सुषेण वैद्य के पास। जब उनको कहा गया कि एक वैद्य हैं - सुषेण वैद्य, वही लक्ष्मण जी के प्राणों को बचा सकते हैं तो हनुमान जी वैद्य को नहीं लाए। वैद्य का पूरा मकान ही उठा ले आये। क्यों ? हनुमान जी ने सोचा कि हम इनको लाएंगे ये फिर वहाँ आके कहेंगे कि हमारा आला रह गया, दवाई रह गई, मैडिसन रह गयी, तब तक रावण के लोग उनका अपहरण कर लेंगे और लक्ष्मण जी के प्राण नहीं बच पाएँगे। मकान ही ले करके आये ताकि इनको ये लगे कि इनको लेकर के कोई नहीं आया बल्कि इनके दरवाज़े पे ही सब लोग आए हैं। वो जब दरवाज़ा खोल के निकलें, जगाया जाए तो उनको यह महसूस न हो कि कोई इनको ले करके आए हैं अपितु उन्हें यह महसूस हो कि इतनी भीड़ इनके ही दरवाज़े पे आयी है। क्योंकि मकान तो चलता नहीं है तो ऐसी बात तो वो सोच ही नहीं सकते। यह है बुद्धि का प्रयोग।

७. विनम्रता (Humble Hanuman) →

हनुमान जी से छठवीं बात हमें 'विनम्रता' सीखनी है। मल्टी-टैलेंटेड हनुमान जी से विनम्रता हमें कैसे सीखनी है ? उन्होंने कई उपलब्धियाँ पायीं और जब उनको धन्यवाद दिया गया, उनके लिए साधुवाद कहा गया, कि आपने लंका जला दी, जानकी माँ का पता ले आए आदि-आदि। तब हनुमान जी ने यही कहा –

सो सब तव प्रताप रघुराई। नाथ न कछु मोरि प्रभुताई ॥

रा.च.मा. : सुन्दर. : दो. ३२ : चौ. ०९

यह सब तो, हे श्री रघुनाथ जी! आप ही का प्रताप है।

हे नाथ! इसमें मेरी प्रभुता (बढ़ाई) कुछ भी नहीं है।

ये हमारा प्रताप नहीं आपका प्रताप है। मतलब अहंकार से बचने के लिए हनुमान जी के इस छठवें गुण को सीख लो। और हमारी दृष्टि में हनुमान जी का यह गुण बहुत काम का है। कई बार बच्चे बहुत टॉप कर लेते हैं एक नंबर, दो नंबर, क्रिकेट मैच में कोई खिलाड़ी बहुत अच्छा खेल करके विकेट ले लेता है फिर सेकंड ईनिंग्स में वो ग़लती कर जाता है। क्योंकि बहुत से लोग जब ताली बजा के उसको धन्यवाद देते हैं तो उसका अभिमान जब माथे पर चढ़ जाता है, तो वो फिर ज़मीन पर आ जाता है। विद्यार्थी कई बार कक्षा टॉप करता है, नब्बे और पंचानवे प्रतिशत लाने वाला होता है वो पचत्तर, अस्सी और साठ प्रतिशत पे रह जाता है। फिर परेशान होते हैं। तो विनम्रता हनुमान जी से ये सीखनी है कि कुछ भी उपलब्धि पाओ उसे अपने गुरू को, अपने माता-पिता या अपने भगवान् को समर्पित करो; कि जो भी हमने ये पाया है हमने नहीं, ये हमारे गुरू की कृपा है, ये हमारे इष्ट की कृपा है, या ये हमारे माता-पिता की कृपा है।

८. विराटता (big) में लघु (small), लघुता (small) में विराट (big) →

हनुमान जी के अंदर ये दोनों मल्टी-टैलेंट हैं। हनुमान जी विराट यानी बहुत बड़े भी हैं और बहुत छोटे भी। बहुत छोटे भी हैं, और बहुत बड़े भी। इसका भी हम लोगों को समय के साथ प्रयोग करना है। यही हम लोगों को बनना है। कब, कैसे बनना इसका अर्थ ये है – 'जैसा देस, वैसा भेस।' यह हनुमान जी का सातवाँ गुण है। हनुमान जी लंका गए –

राम काज लगि तब अवतारा। सुनतहिं भयउ पर्बताकारा॥

राच.मा.: सुन्दर.: दो. २९: चौ. ०६

लंका गए पर्वताकार बनकर। मतलब बड़े होकर, बिग साइज़।

परन्तु जब प्रवेश किया तब –

मसक समान रूप कपि धरी।

राच.मा.: सुन्दर.: दो. ०३: चौ. ०१

गए बिग साइज़ में पर जब उस देश में प्रवेश किया तब हनुमान जी बिग साइज़ में एंट्री नहीं करते हैं, मच्छर के जैसे बन गए। मच्छर नहीं बने, मच्छर के जैसे हनुमान जी बन गए। ये हनुमान जी के अंदर मल्टी-टैलेंट है –'जैसा देस, वैसा भेस।' अब जब प्रवेश कर गए लघु बन के घूमे और लंकिनी के अलावा कोई उन्हें समझ नहीं पाया। पर जानकी माता ने उनके ऊपर संदेह किया कि आप हनुमान जी हैं, और राम जी के दूत हैं। हनुमान जी ने कहा हम आपका पता लगाने आए हैं, और आप चिंता मत करो; एक माह बाद प्रभु राम हम वानरों को लेकर के आ रहे हैं सब राक्षसों को मारेंगे। तो माता जानकी को (उनका छोटा सा स्वरूप देखकर) संदेह हो गया, "क्या तुम्हारी वानर सेना में तुम्हारे जैसे ही सब वानर हैं?" हनुमान जी बोले, "नहीं, हम तो सीनियर हैं, बाकी तो सब जूनियर हैं।" जानकी माता बोलीं, "फिर तो हो गया युद्ध!" जब सीनियर इतना बड़ा, तो जूनियरों का पता ही नहीं वो कितने होंगे, ये लोग तो खा जाएंगे अचार जैसा। तब हनुमान जी ने लघुता में विराटता वहाँ पे दर्शन कराया और इतने बड़े बन गये कि माता जानकी जो नीचे की ओर देख करके बात कर रहीं थीं वो ऐसे ऊपर की ओर देख के कहने लगीं की और कितने ऊँचे हो?

ये हनुमान जी के अंदर मल्टी-टैलेंट है की हनुमान जी लघुता में विराट हैं, विराटता में लघु हैं ।'जैसा देस, वैसा भेस ।' हमारी दृष्टि में परिस्थिति के अनुसार मल्टी-टैलेंटेड हनुमान जी से ये सातवाँ गुण सीखना है ।

९. अपनी संस्कृति, अपने इष्ट, गुरु और अपनी कंपनी का प्रचार कैसे करना ? सीखो →

मल्टी-टैलेंटेड हनुमान के अंदर आठवाँ गुण क्या है, जो हमें सीखना है । अपने इष्ट और गुरु का प्रचार कैसे करना चाहिए ? मतलब अपनी कंपनी का प्रचार कैसे करना है, वो हनुमान जी से सीखो । राक्षसों को वो मारते हैं उन्हीं की लंका में, उन्हीं की लंका को, उन्हीं के तेल, उन्हीं की माचिस, उन्हीं का कपड़ा, उन्हीं ने आग लगायी और एडवर्टाइज़मेंट ये अपनी कंपनी का कर लिए । यह हनुमान जी के अंदर मल्टी-टैलेंट है । अपनी कंपनी के प्रचार करने का तरीक़ा हुआ 'नो इन्वेस्टमेंट, फ़ुल प्रोफ़िट' । अपनी कंपनी का, अपने गुरू का और अपने इष्ट का प्रचार कैसे करना, ये हनुमान जी से सीखना चाहिए । साधकों को यह गुण अपने इष्ट के लिए सीखना चाहिए । कंपनी के जितने एंप्लाइड हैं उनको कंपनी के लिए और शिष्यों को गुरू का प्रचार करना सीखना चाहिए । हनुमान जी से जब पता पूछा, "कौन हो ?" तो हममें से, तुममें से कोई होता तो हम लोग कहते – "आय एम् हनुमान । मैं हनुमान हूँ ।" पर हनुमान जी ने ये नहीं कहा । वे बोले -

तासु दूत मैं जा करि हरि आनेहु प्रिय नारि ॥ २१ ॥

राचमा. : सुन्दर. : दो. २१

जिनकी प्रिय पत्नी को तुम चोरी से हर लाए हो, मैं उन्हीं का दूत हूँ ।

१०. राजनेताओं को हनुमान जी से सीख →

हनुमान जी बोले - मैं उन प्रभु श्री राम जी का दूत हूँ। पहले राम जी का परिचय फिर अपना परिचय। ये है हनुमान जी का मल्टी-टैलेंट। पहले अपनी कंपनी का नाम यानि किसी भी राजनैतिक पार्टी के कार्यकर्ता को ये सीखना चाहिए मल्टी-टैलेंटेड हनुमान जी से, कि पहले पार्टी की साख बचाओ फिर अपनी बचाओ। तब आप पार्टी के वफ़ादार कार्यकर्ता हो। ये हनुमान जी से हमें सीखना है। हमें पहले अपनी टीम की साख बचानी है फिर अपनी। हमारी दृष्टि में मल्टी-टैलेंटेड हनुमान के ये आठ गुण हैं। एकनिष्ठ कोई देवता हैं तो उनका नाम हनुमान है। एक साध्य के साधक, केवल श्री राम जी के ही सेवक, उनका नाम है हनुमान। इनके जैसा कोई दूसरा देवता नहीं –

और देवता चित्त न धरई। हनुमत सेइ सर्ब सुख करई॥

ह. चा.: ३५

हमारी दृष्टि में हनुमान जी एक ऐसे देवता क्यों हैं? उसका कारण है कि यह राम सुख भी देते हैं और राज्य सुख भी देते हैं। विभीषण को राम से भी मिलवाया, राजा भी बनवाया। सुग्रीव को राजा भी बनवाया और राम से भी मिलवाया। मतलब हनुमान जी के पास में मल्टी-टैलेंट ये है कि उनके पास आप जाओगे तो आपको सब कुछ मिलेगा -

सब सुख लहै तुम्हारी सरना। तुम रच्छक काहू को डर ना॥

ह. चा.: २२

- पं. श्री धीरेन्द्र कृष्ण शास्त्री,
'श्री बागेश्वर धाम सरकार'
पीठाधीश्वर, श्री बागेश्वर धाम

अध्याय - १

कलियुग में किस-किस को हनुमान जी के दर्शन हुए ?

प्रिय पाठकों ! इस पुस्तक में तीन प्रमुख बिंदु हैं, हनुमान जी को कलियुग में –

१. किस-किस ने पाया ?

२. कैसे-कैसे पाया ? और

३. आप कैसे पा सकते हैं ?

कलियुग में हनुमान जी को किस-किसने पाया ?

ऐसे तो प्रत्यक्ष-अप्रत्यक्ष बहुत लोग हैं उन सभी के नाम बता पाना असंभव है। ऐसे अनगिनत लोग हैं; परन्तु, जो प्रमुख रूप से पूरे समाज में व्याप्त हैं उनके बारे में आपको बताया जा रहा है। संत श्री तुलसीदास, स्वामी संत समर्थ रामदास जी महाराज, मणिराम छावनी वाले अयोध्या वाले पूज्य महाराजश्री जी, जिनके नाम से मणिराम छावनी नाम व्याप्त हुआ; नीम करौली वाले बाबा, परम पूज्य श्री संन्यासी बाबा एवं दादा गुरु जी, कर्नाटक के व्यासराय तीर्थ जी तथा आँध्र प्रदेश के खम्मम ज़िले के स्वामी भद्रांचल रामदासू, जिन्हें गोपन्ना नाम से जाना जाता था। इन लोगों ने हनुमान जी को कलियुग में पाया है, देखा है और इनपर प्रत्यक्ष हनुमान जी की कृपा हुई। इन्होंने हनुमान जी को कैसे पाया इस पर एक-एक करके दृष्टिपात करते हैं –

१. संत श्री तुलसीदास जी महाराज →

कलियुग में इनको भी हनुमान जी के दर्शन हुए। तुलसीदासजी का जन्म १५५४ ई. में श्रावण माह के शुक्ल पक्ष की सप्तमी तिथि को हुआ था। यह प्रतिदिन शौच क्रिया करने जाते, बचा हुआ जल एक पेड़ पर डालते। उसमें एक प्रेत रहता था। प्रेत जल पी-पी करके तृप्त हो गया और प्रकट होकर बोला, "कुछ मांगो।" तुलसीदास जी बोले, "हमें संसार की वस्तुएं नहीं चाहिए, प्रभु राम के दर्शन करा दो।" प्रेत ने कहा, "हम रामजी को तो नहीं मिलवा सकते हैं; अगर रामजी को ही मिलवाने वाले होते तो प्रेत क्यों बनते ? हाँ, रामजी से मिलवाने वाले का पता बता सकते हैं।" "किसका ?" "हनुमान जी का।""आप हनुमान जी का पता कैसे जानते हो ?"" क्योंकि उनसे हमारा छत्तीस का आंकड़ा चलता है।"-

भूत-पिसाच निकट नहीं आवें। महावीर जब नाम सुनावें॥

ह. चा.: २४

"तो उनका हम पता लगाए रहते हैं कि यह किस ओर हैं तो हम दूसरी ओर चले जाते हैं, ऐसे हमें उनका पता है।" "वो कहाँ मिलेंगे ?" "जहाँ आप कथा में जाते हों उस कथा में सबसे पहले जो आवै, सबसे बाद में जो जावै; उन्हीं के चरण पकड़ लेना वही हनुमान जी हैं।" हनुमान जी एक कोढ़ी के रूप में इस कथा में आते थे। तुलसीदास जी ने ध्यान दिया एक कोढ़ी सबसे पहले आकर बैठता है सबसे बाद में जाता है; अंत में उन्होंने चरण पकड़ लिए। हनुमान जी साक्षात् प्रकट हो गए। तुलसीदास जी ने कहा, "प्रभु हम आपको पहचान गये, दर्शन दो !" हनुमान जी प्रकट होकर बोले, "बताओ क्या चाहिए।" "राम जी के दर्शन चाहिए।" "तुम्हें चित्रकूट में राम जी के दर्शन मिलेंगे।" हनुमान जी ने ही राम जी के दर्शन चित्रकूट में करवाए –

चित्रकूट के घाट पर भई संतन की भीर,
तुलसिदास चन्दन करत तिलक देत रघुबीर।

यह दोहा हनुमान जी ने तोता बनकरके कहा है। तुलसीदास जी को भी कलियुग में केवल और केवल कथा के कारण और कथा में आने के कारण हनुमान जी के दर्शन हुए।

२. बुंदेलखंड, मध्य प्रदेश के प्रसिद्ध संत श्री संन्यासी बाबा →

लगभग सवा तीन सौ वर्ष पूर्व चंदेल कालीन समय में बुंदेलखंड के छतरपुर ज़िले का गढ़ा ग्राम सात गाँवों का गढ़ था, जिसे 'सात ग्राम का गढ़' कहा जाता था। वहाँ पर गौड़ राजा विराजमान रहते थे। उनके धर्मगुरु व राजगुरु थे श्री संन्यासी बाबा यानि परम पूज्य संत श्री भगवान् दास जी गर्ग महाराज। श्री संन्यासी बाबा शुक्लवंश गर्गवंश के आचार्य भी थे और पूर्वज भी।

किंवदंती के अनुसार गौड़ राजा ने अपनी तलवार की धार गोमाता को तलवार से काटकर देखी थी। जिससे श्री संन्यासी बाबा का मन आहत हो गया और उन्होंने राजा के विध्वंस के लिए और उस गाय को जीवित करने के लिए हनुमान जी की उपासना की। उन्होंने उस गाय को दफ़नाने नहीं दिया व सवा करोड़ हनुमान चालीसा के पाठ करने का प्रण लिया। कहते हैं कि पाठ प्रारंभ करते ही वह गाय जीवंत हुई और राजा को क्षमा माँगनी पड़ी।

इसके बाद में श्री संन्यासी बाबा ने राजगुरु-धर्मगुरु का पद त्याग कर हनुमान जी व हनुमान चालीसा की सिद्धी की उपासना का रास्ता तय किया और अपने पूरे जीवन काल में एक पैर पर खड़े होकर हनुमान चालीसा के सवा करोड़ पाठ किये। इनको दो बार हनुमान जी के दर्शन हुए। वृक्ष को फाड़ कर हनुमान जी की मूर्ति प्रकट हुई। जो वर्तमान् में बागेश्वर बालाजी

की मूर्ति है वह संन्यासी बाबा द्वारा प्रकट की गई मूर्ति है। हनुमान जी ने कहा था कि एक दिन पूरी दुनियाँ बागेश्वर धाम पर आयेगी। और कहा कि मुझे कलियुग में कहीं सालासर बालाजी के रूप में पूजा जाता है, कहीं मेंहदीपुर बालाजी के रूप में, यहाँ बागेश्वर बालाजी के रूप में पूजा जाएगा। कालांतर में, कई वर्ष बाद श्री संन्यासी बाबा के ही वंशज परम पूज्य गोलोक वासी संत श्री सेतुलाल गर्ग, जिन्हें दादागुरुजी के रूप में जाना जाता है, इनको भी अपने जीवन काल में हनुमान जी व बागेश्वर महादेव की सेवा व हनुमान चालीसा की हवन की सिद्धी के फलस्वरूप हनुमान जी के दर्शन हुए हैं। वे सदैव हनुमान चालीसा की चौपाइयों का हवन किया करते थे, इसी के प्रभाव से इनको हनुमान जी के दर्शन हुए।

३. स्वामी समर्थ रामदासजी महाराज →

छत्रपति वीर शिवाजी महाराज के गुरु स्वामी समर्थ रामदासजी महाराज महाराष्ट्र की प्रसिद्ध संत थे। इनका जन्म १६०८ में राम-नवमी के दिन गोदातट पर जाँब नामक गाँव में हुआ। आपको हनुमान जी की उपासना व हठयोग की साधना के कारण हनुमान जी के दर्शन हुए। हनुमान जी ने दर्शन देते हुए कहा कि तुम भारत में 'हिंदवी स्वराज्य' की स्थापना के लिए आगे बढ़ो। ये प्रथम ऐसे गुरु हैं जिनको हनुमान जी ने 'हिंदवी स्वराज्य' की स्थापना करवाने के लिए अपनी दिव्य शक्तियां प्रदान कीं। उन शक्तियों के बल पर ही छत्रपति शिवाजी महाराज को उन्होंने प्रेरणा दी और अपने जीवन काल में १०८ से अधिक गोमय हनुमान मंदिर भारत में स्थापित किए, जो गोबर की दीवार पर बने हुए गोमय हनुमान कहलाते हैं। और आज भी भारत में अनेक जगहों पर उनके द्वारा स्थापित हनुमान मंदिर हैं। १६८१ में इनका शरीर शांत हुआ।

४. श्री नीमकरौली वाले बाबा →

देश और विदेश में श्री नीमकरौली वाले बाबा के नाम से जो प्रसिद्ध थे, फ़ेसबुक के मालिक भी जिनके भक्त रहे ऐसे परम पूज्य श्री नीमकरौली वाले बाबा कंबल पहनकर रहते थे। इनका नाम लक्ष्मीनारायण शर्मा था। इनका जन्म सन् १९०० के आसपास उत्तर प्रदेश के अकबरपुर ज़िले में हुआ। ११ सितंबर १९७३ को श्रीधाम वृंदावन में इन्होंने अपना शरीर छोड़ा। पूज्य श्री नीमकरौली वाले बाबा हमेशा 'राम राम राम राम' ध्वनि का अनवरत जप करते थे। इसी ध्वनि के प्रभाव से इनको बचपन से ही नामजप करने की आदत पड़ गई और अनेक बार इनको हनुमान जी के दर्शन हुए। और हनुमान जी ने इनके साथ रहकर इस पृथ्वी पर 'रेलगाड़ी का चमत्कार' जैसे अनेक विश्वविख्यात चमत्कार किये।

५. संत श्री व्यासराय तीर्थ →

कलियुग में जिन महात्मा को हनुमान जी के दर्शन हुए उन्हें बहुत कम लोग जानते होंगे इनका नाम है संत श्री व्यासराय तीर्थ, ये कर्नाटक के हैं। आपका जन्म कावेरी नदी के किनारे सन् १४४७ में हुआ। आपने राष्ट्र रक्षा के लिए ७३२ वीर हनुमान मंदिर स्थापित करवाए। आप कृष्णदेव राय नामक राजा के गुरू थे और आपको युद्ध के समय साधना के बल पर श्री हनुमान जी के अनेक बार दर्शन हुए। आपने इन्द्रियों को साधकर राजा को हनुमान जी के प्रत्यक्ष दर्शन का अनुभव कराया। अपने जीवन काल में आपने ३ कृतियां लिखीं - १) प्रणव-नादिराई, २) सद्गुण चरित एवं ३) मुक्का प्राण पदिराई। आपको साधना के कारण, इंद्रियों को साधने के कारण; इंद्रियों को साधने का मतलब आँखों को क्या देखना चाहिए, कानों को क्या सुनना चाहिए, कलियुग में हनुमान जी के दर्शन हुए।

६. स्वामी भद्रांचल रामदासू →

स्वामी भद्रांचल रामदासू को गोपन्ना नाम से जाना जाता था। स्वामी भद्रांचल रामदासू का जन्म १६२० में आँध्रप्रदेश के खम्मम ज़िले में हुआ था। आप अब्दुल हसन तानाशाह राजा के यहाँ तहसीलदार के पद पर स्थापित थे। आपको स्वप्न में एक स्त्री की आवाज़ के कारण ज़मीन में रामजी की मूर्तियां दबी हुई होने का आभास हुआ। आपने खोदा और उन मूर्तियों को पाया। स्वप्न आज्ञा के कारण आपने खम्मम ज़िले में राम मूर्तियों को स्थापित करवाया। लेकिन जब राजा अब्दुल हसन तानाशाह को पता लगा कि आपने राजसी ख़र्च किया है तो आपको गोलकुंडा के काले जेल में डाल दिया। जेल में डाल दिये जाने पर भी आप की राम भक्ति और हनुमान भक्ति में किंचित् मात्र भी अंतर नहीं पड़ा। और सब में हनुमान जी को देखते हुए आप नाम-जप, सदाचार और सेवा करते रहे। जिसके कारण राजा को स्वप्न में हनुमान जी की आज्ञा लगी कि प्रातः काल ही उनको छोड़ देना वर्ना विध्वंस हो जाएगा। डरते हुए राजा ने प्रातः काल ही आपको जेल से रिहा कर दिया।

अध्याय - २

हनुमान जी को आप कैसे पा सकते हैं ?

हनुमान जी को किस-किसने पाया, कैसे-कैसे पाया ? आपने ये पूर्व में पढ़ा। और' आप कैसे पा सकते हो ?' इस पर चर्चा करते हैं -

एक साधक की दृष्टि से कलियुग में हनुमान जी को पाने के सरल एवं सर्वोत्तम उपाय

कलियुग में हनुमान जी को माधवाचार्य जी, मणिदास रामछावनी वाले महाराज जी, नीम करौली वाले बाबा, तुलसीदास जी महाराज, स्वामी व्यासराए जी, भद्रांचल रामदासु गोपन्ना जी, संन्यासी बाबा एवं दादा गुरुजी आदि ने पाया। उन्होंने कैसे पाया ? किसी ने उपासना से पाया, किसी ने हनुमान चालीसा के पाठ से, किसी ने हठयोग से, किसी ने नाम जप से, किसी ने साधु सेवा से पाया। अब आप कैसे पा सकते हैं, यह प्रश्न है। वैसे तो हनुमान जी को पाने के अनेक उपाय हैं। लेकिन प्रिय साधकों ! लेखक ने अपनी मति अनुसार, कुछ उपाय लिखे हैं जिनसे आप हनुमान जी को पा सकते हैं। क्योंकि आरंभ में छः संतों का उल्लेख किया गया और उनका वृत्तान्त विस्तारपूर्वक इस पुस्तक में दिया गया अतः छः उपाय बताए जा रहे हैं। हनुमान जी को आप कैसे पा सकते हैं ? उन में से पहला उपाय –

१. रामनाम जप से हनुमान जी को पाया जा सकता है →

रामनाम महामंत्र है –

सुमिरि पवनसुत पावन नामू। अपने बस करि राखे रामू ॥

रा.च.मा. : बाल. : दो. २५ : चौ. ०६

रामनाम जप करके हनुमान जी ने श्री रामजी को बस में किया । और परम पूज्य श्री सालासार वाले मनमोहन दास बाबा ने 'सीताराम हनुमान !' का कीर्तन करके श्री रामजी को वश में करने वाले हनुमान जी को अपने वश में कर लिया । नामजप के प्रभाव से आप भी हनुमान जी को प्राप्त कर सकते हैं। तल्लीन होके अखंड नाम जप करना चाहिए ।

राम-राम सब कोई कहै, पर दशरथ काहे न कोय ।
जो एक बार दशरथ कहै, कोटी यज्ञ फल होय ।

यहाँ 'दशरथ' शब्द का प्रयोग श्री रामजी के पिता दशरथ के लिये नहीं है । अपितु, 'दशरथ' शब्द का प्रयोग अपनी दसों इन्द्रियों के लिए है । हमारे अंदर जो दस इन्द्रियाँ हैं - पाँच कर्मेन्द्रियाँ और पाँच ज्ञानेन्द्रियाँ, इन दसों इन्द्रियों का रथ बनाकर उसके ऊपर अपने मन को बैठाकर जो एक बार जप करेगा वह करोड़ों बार का फल प्राप्त करेगा, केवल जिह्वा से नाम जपने से प्रभु की प्राप्ति नहीं होगी । यह आपको सावधानी रखनी है । रामनाम जप दो प्रकार से किए जा सकता है –

(अ) अजपाजप विधि →

चलते-फिरते, उठते-बैठते, गाते-सोते इसे परमहंसी अवस्था कहते हैं ।

(आ) अनुष्ठानात्मक विधि →

एक अनुष्ठानात्मक, जैसे सवा करोड़ नाम जप, छः करोड़ नाम जप । दक्षिण के एक संत हैं जिन्होंने छः करोड़ नाम जप से हनुमान जी की प्राप्ति की थी ।

२. अनुष्ठान सहित हनुमान चालीसा पाठ →

दूसरा उपाय है हनुमान चालीसा पाठ। यह उपाय लेखक के हृदय के बहुत निकट है, निज अनुभव है, और लेखक की परंपरा का यह सबसे बड़ा प्रमाण है, क्योंकि परंपरा में श्री दादागुरु जी व श्री संन्यासी बाबा ने सवा करोड़ हनुमान चालीसा का पाठ करके ही हनुमान जी को पाया था। उन्होंने अपने पूर्ण जीवन काल में एक पैर पर खड़े होकर अनुष्ठानात्मक हनुमान चालीसा के सवा करोड़ पाठ किये। परिणाम - हनुमान चालीसा के सवा करोड़ पाठ पूर्ण होने पर उनको हनुमान जी के दर्शन हुए। वर्तमान् समय में एक करोड़ अथवा सवा करोड़ जप कर पाना असंभव भी हो सकता है। साधक सवा लाख नाम जप का संकल्प ले कर इसका अनुभव कर सकते हैं। और वैसे भी हनुमान चालीसा में आया है –

जो सत बार पाठ कर कोई। छूटहि बंदि महासुख होई॥

ह. चा.: ३८

यदि सवा लाख पाठ न कर पाएँ तो प्रतिदिन सौ पाठ की आदत डालें। साधक के लिए यह सरल भी होगा और हनुमत् प्राप्ति के लिए साधना का उत्तम मार्ग भी होगा। हनुमान चालीसा के सवा करोड़ पाठ कर पाना असंभव है, परन्तु जितने अधिक-से-अधिक कर पाएँ, करें। उनमें एक अनुष्ठान है चालीस दिन तक सौ पाठ का प्रयोग – सत बार – एक सौ आठ पाठ का प्रयोग, जिससे हनुमान चालीसा की सिद्धि होती है। चालीस दिन तक हनुमान चालीसा के सौ-सौ पाठ करके, दशांश हवन करने से साधक को हनुमान चालीसा की सिद्धि व कृपा प्राप्त होती है। अतः हनुमत् दर्शन के लिए अनवरत पाठ करते रहना चाहिए।

३. हनुमान जी के बीज मंत्र का जप →

जब कोई साधक हनुमान जी के बीज मंत्र के जप का इकतालीस दिन का अनुष्ठान अपने जीवन में बहु काल तक करेगा वह हनुमत् प्राप्ति कर सकता है । पूज्य श्री हनुमान बाबा नामक संत के अनुसार, यदि कोई भी साधक गुरु-आज्ञा लेकर, अनुष्ठान की नियमावली का पालन करते हुए हनुमान जी के बीज मंत्र के इकतालीस-इकतालीस दिन के अनवरत अनुष्ठान, जब तक हनुमान जी की प्राप्ति न हो जाए तब तक करता है तो इस बीज मंत्र के बल पर वह हनुमान जी को प्रकट कर लेगा । (अनुष्ठान की नियमावली इस पुस्तक के आरंभ में में दी गयी है) । वह बीज मंत्र है –

"ॐ हं हनुमते रुद्रात्मकाय हुँ फट् ।"

सुरक्षा संबंधी निर्देशों सहित गुरू-आज्ञा लेकर साधक को इकतालीस-इकतालीस दिन के अनुष्ठान अनवरत जप के लिए करने चाहिए । एक आसन पर बैठकर असंख्य जप करना चाहिए । और हवन रात्रिकाल में ही करना चाहिए । इससे भी हनुमत् प्राप्ति कर सकते हैं ।

४. संतसेवा और राष्ट्रसेवा →

यह बड़ा सरल उपाय है । आपको यदि एक जगह बैठकर मंत्र जप में बहुत असुविधा होती है, मन खिन्न रहता है, मन नहीं लगता है, परेशान होते हो, हनुमान चालीसा में मन नहीं लगता, पढ़ नहीं पाते हो, अनपढ़ हो तो आप संतसेवा और राष्ट्रसेवा से भी हनुमान जी को पा सकते हो । क्योंकि,

साधु-संत के तुम रखवारे । असुर निकंदन राम दुलारे ॥

ह. चा.: ३०

हनुमान जी साधु संतों के रक्षक हैं। अगर ऐसे सच्चे संतों की और राष्ट्र की सेवा करेंगे उनको ही हनुमान जी मानकरके आप सेवा करोगे तो किसी-न-किसी रूप में आपको हनुमान जी के दर्शन अवश्य हो जाएंगे।

५. अनुष्ठानात्मक विधि में दृढ़ संकल्प ले कर पाठ करना →

अनुष्ठानात्मक विधि में दृढ़ संकल्प ले कर कवच, नामावली, स्तोत्रम् आदि के पाठ से भी कलियुग में हनुमान जी के दर्शन कर सकते हैं। श्री हनुमान चालीसा, एकमुखी हनुमत् कवचम्, पंचमुखी हनुमत् कवचम्, सप्तमुखी हनुमत् कवचम्, एकादशमुखी हनुमत् कवचम्; इन कवच अथवा हनुमत्-सहस्त्र नामावली, अष्टोत्तरशत नामावली अथवा वडवानल स्तोत्रम्, मारुति स्तोत्रम्, संकटनाशन हनुमत् स्तोत्रम् आदि पाठों में किसी भी पाठ या संकल्प को अनुष्ठानात्मक विधि से लेकर के भी हनुमान जी के दर्शन कर सकते हैं।

६. हनुमान जी की नियमित सेवा →

हनुमान जी की नियमित सेवा से भी हनुमान जी के दर्शन कर सकते हैं। चोला चढ़ाना, मंदिर दर्शन करना, प्रसाद चढ़ाना, प्रिय माला, प्रिय प्रसाद एवं इत्र लगाना अथवा पान का बीड़ा चढ़ाना, गऊ-सेवा करना यह नियमित सेवा कही जाती हैं; इन नियमित सेवाओं से भी कलियुग में हनुमान जी के दर्शन पा सकते हैं।

अध्याय - ३

श्री हनुमंत कथा

यत्र यत्र रघुनाथ कीर्तनं, तत्र तत्र कृतमस्तकाञ्जलिम् ।

जहां -जहां भगवान् श्रीरघुनाथ का संकीर्तन होता है, वहां श्री हनुमान जी शरणागत मस्तक, जुडे हुए हस्त कमल और नेत्रों में भावपूर्ण आनंद अश्रु के साथ उपस्थित होते हैं । जब हनुमान जी की कथा सुनने की इच्छा होती है तो श्री राम कथा होती है लेकिन जब भगवान् श्री रामचंद्र जी की कथा सुनने की इच्छा होती है तब श्री हनुमान कथा होती है । गोस्वामी तुलसीदास जी ने लिखा -

प्रभु चरित्र सुनिबे को रसिया । राम लखन सीता मन बसिया ॥

ह. चा. : ८

श्री हनुमान जी राम कथा सुनने के रसिक हैं, उन्हें श्री राम कथा सुनना बहुत अच्छा लगता है । श्री हनुमान जी संसार के सर्वोत्तम कथा श्रोता हैं । श्री हनुमान जी को भगवान् श्री राम की कथा को सुनना और सुनाना दोनों ही प्रिय हैं । वे संसार के सबसे सर्वोत्तम कथा वक्ता भी हैं । सीता माता की खोज में जब वे लङ्का में इधर-उधर भटक रहे थे, उन्होंने अशोक वाटिका में माता सीता को वृक्ष के नीचे उदास बैठी देखा । तब समझ नहीं आया कि कैसे उनका सामना करें, तो उन्होंने श्री राम कथा कहनी आरंभ कर दी -

रामचंद्र गुन बरनैं लागा । सुनतहिं सीता कर दुख भागा ॥
लागीं सुनैं श्रवन मन लाई । आदिहु तें सब कथा सुनाई ॥

रा.च.मा. : सुन्दर. : दो. १२ : चौ. ०५, ०६

वे श्रीरामचंद्र जी के गुणों का वर्णन करने लगे,
जिनके सुनते ही सीता जी का दुःख भाग गया।
वे कान और मन लगाकर उन्हें सुनने लगीं,
हनुमान जी ने आदि से लेकर सारी कथा कह सुनाई।

भक्ति का सबसे सरलतम मार्ग है कथा श्रवण। संसार में सबसे सुलभ है भगवान् की भक्ति। परम पूज्य स्वामी गोलोक वासी श्री अखंडानंद जी महाराज से किसी ने पूछा - भगवत् प्राप्ति का सरलतम मार्ग क्या है ? परम पूज्य स्वामी जी ने कहा - श्रवण। भगवान् की कथा का श्रवण। कथा में तुम्हें कुछ नहीं करना। कथा में ना तुम्हारी टिकट लगनी, ना तुम्हें पंडित जी बुलाना, ना तुम्हें टेंट लगवाना, ना तुम्हें साउंड लगवाना, ना तुम्हें टीवी लगवानी, जहां कथा हो रही हो वहां पहुंच जाना और जाकर बैठ जाना। बाकी का काम कथाव्यास जी का।

भगवान् की कथा सुनना तो सरल है पर जीवन में उतारना कठिन है। बहुत से लोग केवल सुनते ही हैं, उसे अपने जीवन में उतारते नहीं हैं। एक आदमी बोला हमने कई कथाएं सुनलीं पर कुछ हुआ नहीं। तुमने केवल सुनी भर, जीवन में उतारी नहीं तो कुछ नहीं होगा। जैसे, एक आदमी से उसके मालिक ने कहा कि जाओ घोड़े को पानी दिखा लाओ अब वो आदमी भी दूर से घोड़े की लगाम पकड़ के बोला, "देख घोड़े ! वो है पानी।" तो क्या पानी दिखाने से प्यास बुझेगी ? प्यास तो तभी बुझेगी जब पानी को पिया जाएगा। वैसे ही केवल कथा सुनने से मन की प्यास नहीं बुझेगी; कथा को जब तक तुम जीवन में उतारोगे नहीं तब तक तुम्हारे जीवन में भक्ति नहीं उतरेगी। भक्ति को उतारने के लिए कथा को कानों के द्वारा पीकर हृदय में उतारना पड़ेगा, जीवन में उतारना पड़ेगा। परन्तु, कथा में सबका मन नहीं लगता -

कथा होत के बीच में पाप उठें अकुलाय,
या सोवें या लड़ पड़ें या उठ के भग जाएं।

मन सिद्धों का लगता है, साधकों को तो मन लगाना पड़ता है। बहुत से लोग कहते हैं हमने कथा सुन ली पर कल्याण नहीं हुआ। कथा से कल्याण तभी होगा जब कथा जीवन में उतारी जाएगी। तुम्हारा कथा में बैठ जाना बड़ी बात नहीं है कथा का तुम्हारे अंदर बैठ जाना बहुत बड़ी बात है। कुछ लोग कथा में तो बैठते हैं पर उनमें कथा नहीं बैठती है। अगर तुम्हारे अंदर कथा बैठ गई, हनुमान जी की चरण-शरण की नाव में अगर कोई बैठ जाएगा तो हनुमान जी का काम है प्रभु से मिलवाना। जैसे कोई टिकट कटवा कर बस में बैठे तो उसे पूछना नहीं पड़ता, ड्राइवर पढ़ा-लिखा है, कहां का है, गांव कौन सा है, टिकट कटवा के बैठ जाओ बाकी का काम ड्राइवर का है। गड्ढे कहां हैं ? ओवरटेकिंग कहां करनी है ? कहां पर रोकनी है ? कहां पर धीमी करनी है ? सब काम ड्राइवर का होता है। जैसे टिकट कटवाते ही मंजिल तक पहुंचाने की ज़िम्मेदारी ड्राइवर की होती है वैसे ही कोई भक्ति-कथा रूपी बस में बैठकर भक्ति रूपी टिकट कटवा ले तो श्री राम तक पहुंचाने का पूरा उत्तरदायित्व हनुमान जी का हो जाता है। इसका प्रमाण कहां मिलेगा कि हनुमान जी ने किस-किस को श्री राम जी से मिलवाया ?

तुम्हरो मंत्र बिभीसन माना। लंकेस्वर भए सब जग जाना ॥

ह. चा.: १७

हनुमान जी के मंत्र को विभीषण ने माना, परिणाम, इनके घर में भी मंगल हो गया। रावण का विनाश हो गया, इनको राजा बना दिया। दूसरे श्री सुग्रीव जी –

तुम उपकार सुग्रीवहिं कीन्हा। राम मिलाय राजपद दीन्हा ॥

ह. चा. : १६

सुग्रीव जी को राम जी के पास नहीं जाना पड़ा हनुमान जी के चरण पकड़ लेने के बाद सुग्रीव के पास स्वयं श्री राम जी को लेकर के हनुमान जी आ गए और कितना अद्भुत संकेत है कितनी अद्भुत बात है कि अगर हम हनुमान जी के चरण पकड़ लेंगे तो हमें श्री राम जी के पास जाने की आवश्यकता नहीं है हनुमान जी ही श्री राम जी को लेकर के हमारे पास आ जाएंगे। इसका प्रमाण है -

राम दुआरे तुम रखवारे। होत न आज्ञा बिनु पैसारे ॥

ह. चा. : २१

अध्याय - ४

हनुमान-पूजा की सावधानियाँ

दैनिक पूजा व अनुष्ठान अलग-अलग विषय हैं। हनुमान जी की पूजा में व हनुमान जी के अनुष्ठान में सावधानियां रखने की आवश्यकता होती है।

यहां दैनिक पूजा की सावधानियाँ बताई जा रही हैं –

१. हनुमान जी की पूजा ब्रह्ममुहूर्त में अथवा सायंकाल में ही करनी चाहिए।

२. साधक का तन और मन दोनों पवित्र होने चाहिए।

३. पूजा में प्रतिदिन पवित्र लाल वस्त्र पहनने चाहिए।

४. हनुमान जी की उपासना में स्वयं साधक को लाल आसन का प्रयोग करना चाहिए।

५. हनुमान जी की पूजा में अनवरत राम-नाम का जप करना चाहिए। हनुमान जी की पूजा में स्त्री-चिंतन और वासना-चिंतन से अति परहेज़ करना चाहिए।

६. हनुमान जी की पूजा करने वाले साधक को जीवन पर्यंत मांस-मदिरा आदि का भक्षण-सेवन नहीं करना चाहिए।

७. जब तक पूजा करें तब तक मौन रखना चाहिए और मन-ही-मन अंतर्मुखी होकर राम-नाम का जप करते रहना चाहिए।

८. हनुमान जी को लाल वस्त्र की चौकी पर विराजमान करवाना चाहिए।

९. पूजा हेतु हनुमान जी का विग्रह यदि चित्र-चलचित्र है, तो उसे लकड़ी के ऊपर लाल रंग के वस्त्र पर विराजमान कर पूजन करना चाहिए।

१०. शुद्ध घी का दीप प्रज्ज्वलित करना चाहिए एवं हनुमान जी के प्रसाद के लिए भी शुद्ध घी का ही प्रयोग करना चाहिए।

११. हनुमान जी की पूजा के दौरान दीपक के लिए यदि शुद्ध घी की व्यवस्था नहीं है तो चमेली के तेल का दीपक जलाया जा सकता है।

१२. यदि हो सके तो पूजा के लिए दीपक में जो बत्ती लगाई जाती है वह लाल सूत धागे की होनी चाहिए।

१३. हनुमान जी को प्रसाद में अन्न की जगह गुड़-चना, केसरिया बूँदी के लड्डू, मालपुआ, मलाई-मिश्री अथवा फलों में केला, आम, सेव आदि को रखना चाहिए। फलों में हनुमान जी को केला अधिक प्रिय है।

१४. प्रसाद में हनुमान जी को गुड़-चना बहुत प्रिय है। यह अवश्य प्रयोग करना चाहिए।

१५. हनुमान जी की किसी भी प्रकार की तांत्रिक पूजा नहीं करनी चाहिए।

१६. जब तक गले तक प्राण न अटक जाएं तब तक हनुमान जी को कोई भी कार्य सिद्धि के लिए शपथ नहीं देनी चाहिए; न श्री राम जी की, न श्री जानकी माता की। बजरंग बाण का प्रयोग भी तभी करना चाहिए जब प्राण एकदम अटक जाएं; क्योंकि बजरंग बाण में श्रीराम जी की और श्री जानकी माता की शपथ है।

(नोट: ये हमारा स्वयं का मत है; क्योंकि हम श्री हनुमान जी से प्रेम करते हैं। लेकिन आप पर थोपना नहीं चाहते। शेष गुरु-आज्ञा। -लेखक)

१७. हनुमान जी की पूजा श्री राम, श्री लक्ष्मण व माँ जानकी जी के साथ करेंगे तो साधक को कोई भी दुष्प्रभाव कम होंगे।

अध्याय - ५

हनुमत्-अनुष्ठानों में सावधानियाँ

प्रिय साधकों, पाठकों ! हनुमान जी की किसी भी प्रकार की अनुष्ठानात्मक-विधि करने वाले साधक के लिए ध्यान देने योग्य कई सावधानियां होती हैं। वह सावधानियां इस प्रकार हैं -

१. पहली सावधानी, ब्रह्मचर्य का कठोरता से पालन करना है। जब तक अनुष्ठान चले – मनसा, वाचा, कर्मेन्द्रियैः - मन से, वचन से, कर्म से और इन्द्रियों से ब्रह्मचर्य का कठोरता से पालन करना है। ब्रह्मचर्य खंडित होने का सबसे बड़ा कारण होता है - चलचित्र। चलचित्र न देखें। न उसका चिंतन करना है, न देखना है।

२. अखंड-ज्योति में गाय के शुद्ध घी का प्रयोग करना चाहिए। जब तक अनुष्ठान चले अखंड-ज्योति बुझनी नहीं चाहिए।

३. हनुमान जी को लाल वस्त्र की चौकी पर विराजमान करवाना चाहिए। स्वयं भी लाल वस्त्र के आसन पर, लाल वस्त्र पहन कर विराजमान होना चाहिए।

४. अनुष्ठान के दौरान किसी भी प्रकार के कच्छा आदि के स्थान पर लंगोट को धारण करना चाहिए।

५. हनुमान जी के अनुष्ठान के मध्य में साधक को भूमि पर शयन करना चाहिए।

६. जहाँ अनुष्ठान करें उसी जगह पर शयन करें। यदि ऐसा हो सके तो अति उत्तम होगा और साधक को अनुष्ठान की तरंगों का अनुभव स्वप्न में भी प्राप्त होगी।

७. अनुष्ठान के दौरान छौर-कर्म जैसे नाखून काटना, बाल काटना, दाढ़ी बनाना आदि नहीं करना चाहिए। हो सके तो साबुन, तेल-फुलेल का प्रयोग नहीं करना चाहिए। जितने की आवश्यकता हो साधक को गंभीरतापूर्वक उतना ही करना चाहिए। बहुत चमकीले वस्त्र नहीं पहनने चाहिए।

८. साधक को स्व-पाकी होना चाहिए। अर्थात्, स्वयं भोजन बना कर स्वयं पाना है। यदि स्वयं बनाने योग्य परिस्थिति नहीं है तो माँ के हाथ का भोजन पाना चाहिए। यदि माँ नहीं हैं तो साधक को आठ-दस वर्ष से छोटी कन्या के हाथ का भोजन पाना चाहिए।

९. यदि अनुष्ठान हवनात्मक है, तो हवन रात को करना है। आप जो भी जप, पाठ, कवच अथवा स्तोत्र कर रहे हैं वह सुबह ब्रह्ममुहूर्त में करना है; और पूजन व ध्यान संध्या को करना चाहिए। इससे आप चौबीसों घंटे हनुमान जी की साधना में तल्लीन रहेंगे।

१०. हनुमान जी के सामने, हनुमान जी के लिए अथवा हनुमान जी को पाने के लिए किसी भी प्रकार की तांत्रिक विधि नहीं करनी चाहिए, यह हनुमान जी की रुष्टता का बहुत बड़ा कारण हो सकता है।

११. गोवृत्ति हो सके तो बहुत अच्छा है। हनुमान जी की उपासना में आपकी गोवृत्ति होनी चाहिए। पहले गऊ माता को भोजन कराकर स्वयं गौ के दूध से बना हुआ प्रसाद पाने से आपके अनुष्ठान की सिद्धि निश्चित रूप होगी।

अध्याय - ६

श्री हनुमान पूजन विधि व हनुमान जी की दैनिक उपासना

श्री हनुमान पूजन विधि →

हनुमान जी की पूजा पंच-उपचार से होती है जिसे पंचोपचार पूजा कहते हैं। गन्ध-अक्षत, पुष्प, धूप, दीप तथा नैवेद्य द्वारा पूजन करने को पंचोपचार पूजन कहते हैं। और सोलह उपचार से भी होती है जिसे षोडशोपचार पूजा कहा जाता है। आवाहन, आसन, पाद्य, अर्ध्य, आचमन, स्नान, वस्त्र, गन्ध-अक्षत, पुष्प, धूप, दीप, नैवेद्य, फल-ताम्बुल, दक्षिणा, प्रदक्षिणा तथा नमस्कार द्वारा पूजन करने की विधि को षोडषोपचार पूजन कहते हैं। षोडशोपचार पूजा के बीच में पंचामृत स्नान भी कराया जाता है।

भगवान् हनुमान जी की पूजा हम कोई कामना के साथ भी कर सकते हैं और निष्काम भाव से भी पूजा कर सकते हैं। यदि कामना के लिए कोई पूजा की जाती है तो संकल्प के समय उस कामना का उच्चारण किया जाता है और पूजा केवल परमपिता परमेश्वर के चरणों में अर्पित करनी है तो 'श्री परमेश्वर प्रीत्यर्थं पूजां करिष्ये।' केवल इतना ही बोलना है।

पंचोपचार पूजा

पूजा की सामग्री →

हनुमान जी की तस्वीर या मूर्ति, लाल वस्त्र, यज्ञोपवीत (जनेऊ), चावल, अक्षत्, गाय का घी, दीपक, कपूर, दियासलाई, नारियल, चमेली का तेल, धूप, इलायची, हनुमान-चालीसा, चंदन, गंध, हल्दी, कुंकुम, सिंदूर, ध्वज,

शंख, घंटी, लाल लंगोट, लौंग-इलाइची, आचमनी (ताम्हण), चम्मच, पंचपात्र, फल, फूल, माला, दूर्वा, तुलसी के पत्र, पान का बीड़ा, कलश, नैवेद्य आदि।

पंचोपचार पूजा →

पंचोपचार पूजा के लिए पहले शुद्ध जल से स्नान करके, शुद्ध-स्वच्छ लाल वस्त्र पहनकर हनुमान जी के सामने लाल आसन पर बैठना है। धरती पर बैठकर पूजा नहीं करते हैं। माथे पर मंगल तिलक धारण करना है। पूजा आरंभ होने से पहले पूजा की सामग्री पास में ले लें। पहले दिया लगाना है, धूप जलानी है। अगरबत्ती की जगह धूप उपयोग में लानी चाहिए।

ॐ अपवित्रः पवित्रो वा सर्वावस्था गतोऽपि वा।
यस्मरेत् पुण्डरीकाक्षं स बाह्याभ्यन्तरश्शुचिः॥

यह मन्त्र कहकर अपने ऊपर व पूजन-सामग्री पर जल छिड़क कर पूजन आरंभ करें।

आचमनम् →

देह शुद्धि हेतु आचमन करने के लिए हाथ में शुद्ध जल ले कर -

ॐ केशवाय नमः। ॐ नारायणाय नमः। ॐ माधवाय नमः।

बोल कर ३ बार आचमन करें (पानी पिएं)।

ॐ गोविंदाय नमः।

बोल कर हाथ के ऊपर से पानी छोड़ते हुए हाथ धो लें। आचमन करने से हाथ झूठा हो जाता है उसे धोते हैं। आचमन के बाद भगवान् श्री विष्णु जी के २४ (४ नाम ऊपर हो गये) नाम लेने हैं –

भगवान् श्री विष्णु जी के नाम -

ॐ विष्णवे नमः। मधुसूदनाय नमः।
त्रिविक्रमाय नमः। वामनाय नमः। श्रीधराय नमः।
हृषीकेशाय नमः। पद्मनाभाय नमः। दामोदराय नमः।
संकर्षणाय नमः। वासुदेवाय नमः। प्रद्युम्नाय नमः।
अनिरुद्धाय नमः। पुरुषोत्तमाय नमः। अधोक्षजाय नमः।
नारसिंहाय नमः। अच्युताय नमः। जनार्दनाय नमः।
उपेन्द्राय नमः। हरये नमः। श्रीकृष्णाय नमः॥

इसके बाद प्राणायाम करना है –

प्राणायामः →

ॐ प्रणवस्य परब्रह्म ऋषिः। परमात्मा देवता। देवी गायत्री छन्दः।
एतेषाम् प्राणायामे विनियोगः।
ॐ भुः। ॐ भुवः। ॐ स्वः। ॐ महः। ॐ जनः। ॐ तपः। ॐ सत्यं।
ॐ तत् सवितुवरिण्यं भर्गो देवस्य धीमही धियो यो नः प्रचोदयात।

श्वास लेना है और छोड़ना है। दाँए व बाँए दोनों कानों को हाथ लगाना है -

ॐ आपोज्योति रसोमृतं ब्रह्म भूर्भुवस्सुवरोम्।

संकल्पः →

अपनी कुल-स्वामिनी अथवा अपने कुल-देवता का स्मरण करके हाथ में चावल लेकर संकल्प करना है –

वरदमूर्ति श्रीमन् महागणाधिपतये नमः। श्री गुरुभ्यो नमः। श्री महासरस्वत्यै नमः। इष्टदेवताभ्यो नमः। कुलदेवताभ्यो नमः। ग्रामदेवताभ्यो नमः।

स्थानदेवताभ्यो नमः । वास्तुदेवताभ्यो नमः । शचिपुरंदराभ्यां नमः । आदित्यादि नवग्रहदेवताभ्यो नमो नमः । कालकाम परशुरामाय नमः । एतत् कर्मप्रधानदेवताभ्यो नमः । सर्वेभ्यो देवेभ्यो नमो नमः । सर्वेभ्यो ब्राह्मणेभ्यो नमो नमः । प्रारंभकाले निर्विघ्नमस्तु ।

तिथिर्विष्णुस्तथा वारो नक्षत्रं विष्णुरेव च,
योगश्च करणं चैव सर्वं विष्णुमयं जगत् ॥

मम आत्मनः श्रुतिस्मृतिपुराणोक्तफल प्राप्यर्थं श्रीपरमेश्वर प्रीत्यर्थं महारुद्रहनुमान प्रीत्यर्थं गन्धादि उपचारैः पंचोपचारपूजनं अहं करिष्ये । यदि कोई कामना है तो 'श्रीपरमेश्वर प्रीत्यर्थं' के स्थान पर अपनी कामना बोलिए ।

ध्यानम् →

हनुमान जी के सामने बैठ कर हाथ में चावल लेकर श्री हनुमान जी का ध्यान करना है –

ॐ अञ्जनीसुताय विद्महे वायुपुत्राय धीमहि तन्नो हनुमन्तः प्रचोदयात् ।

ॐ महारुद्रहनुमंताय नमः । ध्यायामि ।

ऐसा बोलकर हाथ में लिया हुआ चावल हनुमान जी के चरणों के ऊपर छोड़ना है । फिर चंदन और गन्ध-अक्षत हनुमान जी के चरणों में या मस्तक पर लगाना है -

गन्ध-अक्षताः →

ॐ महारुद्रहनुमंताय नमः ।

विलेपनार्थे चंदनं समर्पयामि ।

अलंकारः →

एक बार फिर चावल हाथ में लेकर जहां चरणों में अर्पण किया था फिर से अर्पण करना है और मस्तक पर भी चढ़ाना है -

ॐ महारुद्रहनुमंताय नमः ।

अलंकारर्थे अक्षतान् समर्पयामि ।

पत्र-पुष्पाणि →

अब श्री हनुमान जी को पत्र (विभिन्न पत्ते) और अलग-अलग रंगों के पुष्प अर्पण करना है। श्री हनुमान जी रूद्र के अवतार हैं इसलिए उनको बिल्वपत्र अर्पण करें -

ॐ महारुद्रहनुमंताय नमः ।
पत्रपुष्पाणि समर्पयामि ।

धूपं →

श्री हनुमान जी को धूप दिखायें -
ॐ महारुद्रहनुमंताय नमः ।
धूपं समर्पयामि ।

दीपं →

श्री हनुमान जी को दीप दिखायें -

ॐ महारुद्रहनुमंताय नमः ।

दीपं समर्पयामि ।

हस्तप्रक्षालनं समर्पयामि ।

नैवेद्यं →

अब धरती पर एक चम्मच पानी से एक चौकोर बनाएं और जो भी नैवेद्य श्री हनुमान जी को अर्पित करना है उसके ऊपर रखें फिर थोड़ा सा पानी हाथ हाथ में लेकर दो बार बाँए से दाँयी ओर (क्लॉक वाइज़) घुमाना है -

ॐ महारुद्रहनुमंताय नमः।

नैवेद्यार्थे इदं खाद्य-नैवेद्यं समर्पयामि।

ॐ प्राणाय स्वाहा। ॐ अपानाय स्वाहा। ॐ व्यानाय स्वाहा। ॐ उदानाय स्वाहा। ॐ समानाय स्वाहा। ॐ ब्रह्मणे स्वाहा।

इसके बाद आचमनी में चार बार पानी छोड़ना है।

उत्तरापोषणं समर्पयामि।

हस्तप्रक्षालनं समर्पयामि।

मुखप्रक्षालनं समर्पयामि।

शेषोपचारार्थे राजोपचारार्थे नमस्कारं समर्पयामि।

नमस्करोमि।

क्षमायाचना →

आवाहनं न जानामि न जानामि विसर्जनम्,
पूजां चैव न जानामि क्षमस्व परमेश्वर।
मंत्रहीनं क्रियाहीनं भक्तिहीनं कपीश्वर!
यत्पूजितं मया देव! परिपूर्णं तदस्तु मे॥

अनेन कृत पंचोपचार पूजनेन तेन श्री महारुद्रहनुमंतः प्रियताम् न मम।

इसके बाद श्री हनुमान जी के सामने हाथ जोड़कर अपने मन में जो कामना है वह मन-ही-मन बोलनी है। उसके बाद तीन बार पानी पीना है और एक बार छोड़ना है, ऐसा दो बार करें। अर्थात् दोबारा तीन बार पानी पीना है और एक बार छोड़ना है। उसके बाद तीन बार कहना है –

विष्णवे नमो विष्णवे नमो विष्णवे नमः।

या कह सकते हैं –

अच्युताय नमः। अनंताय नमः। गोविंदाय नमः।

ऐसा बोलने से यदि पूजा में कोई त्रुटि हो गई हो, कोई दोष निर्माण हो गया हो तो वह निकल जाता है और पूजा परिपूर्ण होकर उसका फल प्राप्त होता है।

हनुमान जी की दैनिक उपासना

साधक को हनुमान जी का विग्रह यानि मूर्ति रखने के बाद हनुमान जी की दैनिक उपासना, दैनिक पूजा प्रतिदिन कैसे करनी चाहिए ? यदि मंत्र बोलना चाहते हों तो बोल सकते हैं। यहाँ आपको केवल दैनिक उपासना क्रम के सीताराम नाम जप के मंत्र का बता रहे हैं।

१. नाम जप करें 'सीताराम सीताराम, सीताराम हनुमान।' यह करते हुए सब से पहले आप आसन पर बैठ जाएं।

२. सबसे पहले दीप प्रज्जवलित कर लें,

३. इसके बाद में सामग्री रख लें - आसन, जल, दुग्ध से स्नान करवाना चाहते हैं तो दुग्ध रख लें, यज्ञोपवीत, कपड़े, इत्र, तिलक, चंदन, चावल, फूलमाला, फूल, दीपक, धूप, प्रसाद, यदि पान भी चढ़ाना चाहते हैं तो रख लें अथवा नहीं भी है तो कोई बात नहीं।

४. प्रथम ध्यानपूर्वक पुष्प अर्पित करें,

५. आसन के लिए भी पुष्प अर्पित करें,

६. आसन पर बैठ जाएं 'सीताराम सीताराम, सीताराम हनुमान ।' का कीर्तन करते हुए सबसे पहले उनको स्नान करवाएं, जैसी मूर्ति हो वैसे स्नान । मिट्टी की मूर्ति हो तो जल छिड़क कर और यदि धातु की मूर्ति है तो बढ़िया थाल में रखें, पंचामृत (दूध; दूध का आधा दही; दही का आधा घी; घी का आधा शहद और शहद का आधा देशी खांड़ या शक्कर) आदि से स्नान करवाएं । उसके बाद शुद्ध जल या गङ्गाजल से स्नान कराएं व शुद्ध वस्त्र से पोंछें, पोंछने के बाद में उनको स्वच्छ आसन पर बिठाएं । पहले आसन को स्वच्छ कर दें, इसके बाद उन्हें बिठाएं, बिठाने के बाद में यदि उनको दुग्ध से स्नान करवाना है तो करवा दीजिये ।

७. पहले वस्त्र, फिर यज्ञोपवीत यानि जनेऊ, फिर उपवस्त्र पहनाएं ।

८. वस्त्र, यज्ञोपवीत आदि पहनाने के बाद में शरीर में यदि इत्र लगा सकें तो इत्र का मालिश कर दें या चमेली के तेल से मालिश कर दें ।

९. इसके बाद में उनको वस्त्र पहना दें, वस्त्र पहनाने के बाद में इत्र लगाएं ।

१०. इसके बाद में मस्तक पर सुसज्जित तिलक लगाएं, मस्तक पर चावल लगाएं, चरणों में भी चावल चढ़ा दें ।

११. इसके बाद में पुष्प चढ़ावें । इसके बाद में फूल माला चढ़ा देवें ।

१२. इसके बाद में धूप दिखावें ।

१३. धूप के बाद में दीपक से आरती करें । इसके बाद हाथ धो लें ।

१४. दीपक से आरती करने के बाद में जो भी घर में प्रसाद बना हो या आप जो भी प्रसाद चढ़ाने वाले हैं चढ़ा दें। पान हो तो पान चढ़ा देवें। इसके बाद चार बार जल चढ़ाएं।

१५. कीर्तन करते हुए प्रार्थना करें, हनुमान चालीसा का पाठ करें, दण्डवत प्रणाम कर आरती गावें, और प्रणाम करके आसन के नीचे जल छोड़कर मस्तक में लगाके उठ जावें। मस्तक में जल लगाते हुए बोलें – ॐ शक्राय नमः। या ॐ इन्द्राय नमः। या ॐ शतक्रतवे नमः।

यह सरल सी घर में करने योग्य दैनिक उपासना है।

अध्याय - ७

हनुमान जी के ग्यारह रूपों के दर्शन

प्रिय पाठकों ! प्रिय साधकों ! वैसे तो हनुमान जी के अनेक रूप हैं लेकिन चूँकि हनुमान जी ग्यारह रुद्रों के अवतार हैं इसलिए ग्यारह रूपों को यहां लिया है। एक साधक की दृष्टि में हनुमान जी के ग्यारह रूपों के दर्शन अलग तरीके से करें - सूर्यमुखी हनुमान, पंचमुखी हनुमान, दास हनुमान, व्यास हनुमान, भक्त (सप्तमुखी) हनुमान, वीर हनुमान, बाल हनुमान, लाल हनुमान, वृद्ध हनुमान, एकादशमुखी हनुमान और लघु हनुमान। विस्तारपूर्वक इन ग्यारह रूपों के दर्शन देखिये -

एक साधक की दृष्टि में हनुमान जी के ग्यारह रूपों के दर्शन

१. दास हनुमान (एकमुखी हनुमान) →

एक हनुमान हैं दास हनुमान। ये दास हनुमान कौन हैं ? श्री राम जी की सेवा में सतत रहने वाले, राम दरबार में हाथ जोड़े हुए श्री राम जी की सेवा में जो बैठे हैं, वह हैं दास हनुमान।

२. सूर्यमुखी हनुमान →

बाल्यकाल में जब हनुमान जी पूर्व में छलांग लगाकर सूर्य को निगलने के लिए सूर्य की ओर जा रहे थे, उस समय उनके चेहरे पर जो सूर्य का प्रकाश छा रहा था, वो अद्भुत था। एक तो स्वयं लाल-लाल, ऊपर से सूर्य की लालिमा आपके चेहरे पर प्रकाशित हो रही थी; तो 'लाल-लाल देह, लाल देखत में तन विशाल।' अद्भुत लग रहा था इसलिए यहाँ पर इनके सूर्यमुखी हनुमान रूप में दर्शन हैं।

३. लाल हनुमान →

बाल हनुमान भी हैं, लाल हनुमान भी हैं। अब आप कहोगे कि लाल हनुमान की तो बात हो चुकी है - सूर्यमुखी हनुमान। लेकिन ये लाल हनुमान थोड़े अलग हैं। उस समय सूर्य की किरण आप पर पड़ रही थी लेकिन जब आपने सूर्य को निगल लिया तब आपकी मुखाकृति और सुंदर हो जाती है। जैसे पानी में कोई जलती हुई मणि रखी हो तो पानी की एक अलग तरंग और पानी में पढ़ने वाली किरण अलग होती है। जैसे चंद्रमा पानी के अंदर हो वह किरण और वह तरंग अलग होती है। जब आपने मुख में सूर्य को रखा उस समय आपका पूरा तन लाल हो गया था और जो आपकी मुखाकृति थी वो बहुत आनंददायी थी, ये हैं लाल हनुमान। उस समय केवल मुख लाल था इसलिए आप सूर्यमुखी थे। लेकिन इसमें आपके पूरे तन का एक-एक रोम-रोम लाल हो गया और प्रकाशित हो गया मणियों की तरह, जैसे रात के समय किसी पर्वत में मणियाँ जगमगा रही हों। ये है लाल हनुमान जी का दर्शन।

४. बाल हनुमान →

हम श्री हनुमान जी के अवतार की कथा को पढ़ते हैं। माँ अंजना की गोद में वे हैं, जब माता आपके सिर को सहलाती हुई मुस्कुराती हैं तब हमारे मन में बहुत अद्भुत आनंद भर आता है। माँ अंजना के साथ श्री हनुमान जी के चित्र देखने से हमको आनंद आता है। ये हैं बाल हनुमान।

५. व्यास हनुमान →

लंका में जब माता सीता का समाचार लेने के लिए हनुमान जी महाराज गए तो विभीषण जी के बताए हुए रास्ते पर हनुमान जी अशोक वाटिका में पहुँचे।

वहाँ पत्तों के बीच में जाकर के छुप गए, सुंदरकांड में वर्णन आया –

तरु पल्लव महुँ रहा लुकाई। करइ बिचार करौं का भाई ॥

रा.च.मा. : सुन्दर. : दो. ०८ : चौ. ०१

वहाँ पर हनुमान जी बैठे-बैठे सोचने लगे कि माता जानकी जी के मन में बहुत संताप है, उस सन्ताप को कैसे मिटाया जाए ? व्यथा को कथा ही मिटा सकती है। तो, व्यथा को मिटाने के लिए हनुमान जी ने पत्तों के बीच में छुपकर के कथा का सहारा लिया –

रामचंद्र गुन बरनैं लागा। सुनतहिं सीता कर दुख भागा ॥

रा.च.मा. : सुन्दर. : सो. १२ : चौ. ०५

इस प्रकार प्रभु श्री राम के वर्णन को गाया तो माता जानकी जी ने कहा," जब कथा इतनी सुंदर है तो कथाव्यास कितना सुंदर होगा !" तब हनुमान जी बोले," माँ, कथा ही सुंदर है, कहने वाला तो बंदर है।" यहाँ संतों की दृष्टि में ये व्यास हनुमान हैं।

६. वीर हनुमान →

एक हैं वीर हनुमान। ये वीर हनुमान कौन हैं ? जब जामवंत जी ने कहा कि आप लंका जाओ –

राम काज लगि तव अवतारा। सुनतहिं भयहु पर्वताकारा ॥

रा.च.मा. : किष्किंधा. : दो. २९ : चौ. ०६

जब आपने पर्वत के समान रूप धारण किया - एक पैर आगे रखा, एक पैर पीछे रखा और दहाड़ते हुए –'जय श्रीराम !' का जयघोष किया तो वहाँ आपका वीर हनुमान का रूप हुआ।

७. भक्त हनुमान (सप्तमुखी हनुमान) →

हनुमान जी के इस रूप में सात मुख हैं हनुमान, नरसिंह, हयग्रीव, वाराह, गरुड़, गौ और मनुष्य। चौदह भुजाओं वाले इस रूप को बहुत शक्तिशाली माना जाता है। इन का वर्णन अथर्वण रहस्य में है इस रूप में हनुमान जी अपने हाथों में वृक्ष, पहाड़, चक्र, खेटक, गदा, अंकुश, सर्प, अमृतकलश, बाण-कमान, शूल आदि लिए हैं।

इनकी आराधना से दैत्य या राक्षस और ब्रह्मराक्षस आदि के प्रकोपों से रक्षा होती है, विरोधियों द्वारा चलाए गए शस्त्र, तंत्र-मंत्र से सभी स्थितियों में मुख्यरूप रक्षा करता है। भगवान् हनुमान जी के शक्तिशाली कवच से आपके शत्रुओं, नकारात्मक ऊर्जाओं, ग्रहों के प्रभाव, रोगों और दुर्भाग्य को दूर कर सकते हैं। हनुमान कवच में प्रचुरता, धन, पुत्र, आनंद और विजय प्रदान करने की क्षमता है। ऐसा माना जाता है कि जो प्रतिदिन इस कवच का अभ्यास करता है, भगवान् हनुमान जी उसे हर परेशानी और नकारात्मक ऊर्जा से बचाते हैं।

८. वृद्ध हनुमान →

एक हैं वृद्ध हनुमान दर्शन। वृद्ध हनुमान दर्शन कब हैं? द्वापर युग में भीम के भ्रम को, अहम्-वहम् को दूर करने के लिए आपने वृद्ध का भेष धारण किया था। वैसे तो आप – 'कनक बरन तन तेज बिराजा।' अजर-अमर हैं, बुढ़ापा आना ही नहीं है, हमेशा यौवन संपन्न हैं। अजर का अर्थ ही ये होता है जिसे जरा यानि वृद्धावस्था न सताए। लेकिन, द्वापर युग में एक बार भीम के अहंकार को मिटाने के लिए श्री हनुमान जी ने वृद्ध वानर का रूप धारण किया था। बूढ़ा वानर बन कर हनुमान जी ने कहा, "हे भीम! पूँछ उठाओ! हम तो बूढ़े हैं, तुम्हीं उठाकर एक तरफ़ रख दो।" ये हैं वृद्ध हनुमान के दर्शन।

९. लघु हनुमान →

एक हैं लघु हनुमान। ये लघु हनुमान कब हैं?

'अति लघु रूप धरेउ हनुमाना।'

रा.च.मा.: सुन्दर.: दो. ०३ : चौ. ०१

लंका जाते समय आपने अति लघु रूप धारण किया था। कितना लघु रूप?

मसक समान रूप कपि धरी। लंकहि चलेउ सुमिरि नरहरी॥

रा.च.मा.: सुन्दर.: दो. ०३ : चौ. ०१

हनुमान जी मच्छर के समान बने। बड़े प्यारे लग रहे होंगे श्री हनुमान जी! मच्छर के समान जब बने होंगे तब छोटे से, प्यारे से होंगे; बड़े प्यारे छोटे-छोटे से हाथ होंगे, छोटे-छोटे से पैर होंगे लघु हनुमान जी के। उनके छोटे-छोटे हाथों में एकदम छोटी-छोटी, सींक जैसी अंगुलियाँ होंगी। कितने सुंदर लग रहे होंगे आप! ये रूप है श्री लघु हनुमान।

१०. पञ्चमुखी हनुमान →

पञ्चमुखी हनुमान की कथा तो सभी जानते हैं। एक बार श्री हनुमान जी ने पंचमुखी रूप धारण किया था। जब राम-रावण का युद्ध चल रहा था, रावण हारने की कगार पर आ गया तो उसने अपने एक और भाई को बुलाया, जो पाताल-लोक का राजा था, उसका नाम था अहिरावण। उसने अहिरावण से कहा कि हम हार रहे हैं, रावण वंश मिट रहा है। और तुम्हारे नाम में भी रावण है, हमारे नाम में भी रावण है। हम दशानन रावण हैं, तुम अहिरावण हो लेकिन हम दोनों ही रावण हैं। इसी प्रकार, एक अहिरावण है, एक दशानन रावण है, एक सहस्त्रमुखी - एक हज़ार मुख वाला भी

एक रावण है। रावण बोला, "हमारी मदद करो।" "क्या मदद करें ?" "ये राम-लक्ष्मण नाम के दो राजकुमार हमारा सब कुछ विनाश कर रहे हैं।" "तो इनका क्या करें ?" "इनकी तुम बली चढ़ा दो।" रावण ने ऐसा कहा। अहिरावण ने कहा, "हम इनको ले कैसे जाएं बली चढ़ाने के लिए ?" "तुम विभीषण का रूप धारण करो। परन्तु, हनुमान जी पहरे पर रहते हैं तो ले जाना बड़ा कठिन है।"

रामदल में युद्ध के बाद संध्या के समय सब सोते थे। दिन में युद्ध होता था सूर्यास्त के बाद युद्ध विराम हो जाता था। और ये नियम था कि सब अपने-अपने दल में आकर सोएंगे। जहाँ श्री राम जी और श्री लक्ष्मण जी सोते थे वहाँ पहरे पर श्री हनुमान जी रहते थे। श्री राम जी सो रहे थे, श्री लक्ष्मण जी अर्धनिद्रा में थे। अहिरावण मायावी था। वह माया से विभीषण का वेश धारण करके आया। हनुमान जी ने कहा कि "इतनी रात को कहाँ ?" वे बोले, "बस घूमने गए थे, प्रभु से कुछ गोपनीय चर्चा करनी है।" हनुमान जी ने उन्हें जाने दिया क्योंकि एक विभीषण जी ही थे जिन्हें प्रभु के द्वारा अंदर तक जाने की आज्ञा थी। मायावी अहिरावण माया का प्रभाव करके दोनों भाइयों राम और लक्ष्मण को उठाकर पाताल लोक ले गया।

सुबह हाहाकार मचा कि भगवान् कहाँ गये, अब कौन देखने जाएगा ? हनुमान जी ने विभीषण से कहा, "तुम आए थे।" विभीषण बोले, "हम नहीं आए थे।" अब क्या किया जाए ? हनुमान जी ने विभीषण से पूछा, "कौन तुम्हारा रूप धारण कर सकता है ?" विभीषण बोले, "इस पूरे ब्रह्मांड में हमारे रूप को धारण करने वाला एक ही है, वो है अहिरावण। अहिरावण के अलावा कोई हमारे रूप को धारण नहीं कर सकता।" तो हनुमान जी पता लगाते हुए पाताल लोक गए।

वहाँ द्वार पर हनुमान जी की भेंट पुत्र मकरध्वज से हुई, उनमें युद्ध हुआ। हनुमान जी ने पूछा, "तुम कौन हो ?" वो बोले, "आप बताओ, आप कौन हो ?" हनुमान जी बोले, "दाँव-पेंच बहुत ख़तरनाक है तुम्हारे !" तो वे बोले "मैं हनुमान-पुत्र मकरध्वज हूँ।" हनुमान जी बोले, "कौन हनुमान-पुत्र ? इधर तो ब्याह ही नहीं हुआ, बेटा कहाँ से प्रकट हो गया ?" वो बोले, "हमारे पिताजी पृथ्वीलोक पर श्री राम जी की सेवा में हैं।" हनुमान जी बोले, "जिन हनुमान जी की तुम बात कर रहे हो कहीं वह हम तो नहीं हैं ? लेकिन एक बात बताओ हमारा तो ब्याह ही नहीं हुआ है, फिर तुम कैसे ?" तब मकरध्वज ने अपने जन्म की पूरी कथा बतायी कि आपके पसीने की बूँद से हमारा जन्म हुआ है और कहा कि कुलदेवी के सामने जो पाँच दीपक जल रहे हैं, अहिरावण के प्राण इन दीपकों में हैं; जो भी व्यक्ति एक बार में पांचों दीपकों को एक साथ बुझाएगा वही अहिरावण का वध कर पाएगा।" तब हनुमान जी सूक्ष्म रूप धारण करके पुष्प पर बैठकर अंदर गए और देवी के सन्मुख पंचमुखी हनुमान का रूप धारण किया। और एक बार में पांचों मुखों से पांचों दीपकों की बातियों को बुझा दिया। इन पंचमुखी हनुमान में -

१. उत्तर दिशा का मुख था वाराह मुख,

२. दक्षिण दिशा का नरसिंह मुख,

३. पश्चिम दिशा का मुख गरूड़ मुख,

४. आकाश की ओर हयग्रीव मुख और

५. पूर्व दिशा में वानर मुख था।

इस प्रकार ये हैं पंचमुखी हनुमान।

११. एकादशमुखी हनुमान →

बहुत कम लोगों ने इस कथा को सुना होगा। यह कथा कल्याण पुस्तिका में और हनुमान उपासना नाम के एक छोटे से ग्रंथ में प्राप्त हुई है। राम भक्त बजरंग बली के बल के आगे कोई नहीं टिक पाता था। हनुमान जी को रुद्र का अवतार माना जाता है। आप असीमित ऊर्जा के प्रतीक हैं। आपके अनेक रूपों में से एक रूप है एकादशमुखी हनुमान। एक पुस्तक में प्राप्त हुई पौराणिक कथा है कि एक बार बल-बुद्धि के दाता श्री हनुमान जी को ग्यारह मुख रूप धारण करना पड़ा। हनुमान जी कालजयी हैं, चिरंजीवी हैं, अष्ट-सिद्धि, नौ निधि के दाता भी हैं।

हनुमान जी के ग्यारह मुख धारण करने के पीछे कथा है कि प्राचीन काल में कालकारमुख नाम का एक अति शक्तिशाली राक्षस था। जो ग्यारह मुख का था। उसने ब्रह्माजी की कठोर तपस्या की। जितने भी कठिन-कठिन वरदान देते हैं अक्सर ब्रह्माजी ही देते हैं। कालकारमुख राक्षस ने ब्रह्माजी की कठोर तपस्या की और अमरता का वरदान माँगा। ब्रह्माजी बोले अमरता तो असंभव है और कुछ माँगो। तो कालकारमुख ने कहा कि मुझे ऐसा वर दीजिए की जो भी मेरी जन्मतिथि पर ग्यारह मुख धारण करेगा वही मेरा अंत करने में सक्षम होगा। ब्रह्माजी ने कालकारमुख से कहा कि तुमने बहुत कठोर तपस्या की है, ये वरदान बनता है; तथास्तु! उसने यह वारदान पाकर के विचार किया कि पंचमुखी तो शङ्करजी हैं। चार मुखी ब्रह्माजी हैं। षड्मुखी शङ्कर जी का बेटा है। एकमुखी गजानन, अन्य देवता हैं। पर ग्यारह मुखी कोई नहीं है। अब हमें कोई मार नहीं पाएगा, मतलब हम ही भगवान् हैं। उसने देवताओं पर चढ़ाई कर दी। हाहाकार मच गया। इन्द्र आदि देवता मरने के डर से अपना सिंहासन छोड़कर भाग गए। सब देवताओं ने भगवान्

की स्तुति की, राम जी के पास गए। उस समय रामराज्य चल रहा था। राम जी ने कहा कि इस संकट का निवारण तो संकट मोचन ही कर सकते हैं। संकट मोचन कौन ? हनुमान जी। वही कर सकते हैं। प्रभु श्रीराम की आज्ञा से हनुमान जी ने चैत्र की पूर्णिमा के दिन, जो कालकारमुख राक्षस की जन्मतिथि थी, ग्यारहमुखी रूप धारण किया और उसका वध किया। और हनुमान जी हो गये एकादशमुखी हनुमान। अब हम देखते हैं हनुमान जी के वो ग्यारहमुख कौन से हैं –

हनुमान जी का पहला मुख है शत्रुभय से मुक्ति दिलाने वाला वानर मुख, दूसरा राममुख, तीसरा शिवमुख, चौथा हयग्रीवमुख, पाँचवां नागमुख, छठवाँ भैरव मुख, सातवाँ गणेशमुख, आठवाँ वाराहमुख, नौवाँ गरुड़मुख, दसवाँ नरसिंहमुख और ग्यारहवाँ मुख है अग्निमुख। ये हनुमान जी के ग्यारह मुख हैं। पंचमुखी हनुमान जी के पाँच मुख और ये छः मुख - राम, शिव, नाग, भैरव, गणेश और अग्नि; ये ग्यारहमुखी हनुमान हैं।

ये हनुमान जी के ग्यारह रूपों के दर्शन हैं। हनुमान जी के अनेक रूपों के दर्शन हैं, पर ग्यारह रूपों के दर्शन लेखक ने अपने जीवन काल में किए, ये लेखक के अनुभव हैं। लेखक ने अपने जीवन काल में कथाओं के बीच अनुभव में इन ग्यारह मुखों के दर्शन करके आनंद पाया है, आप भी पा सकते हैं।

अध्याय - ८

हनुमान जी को क्या-क्या प्रिय है ?

प्रिय पाठकों। इस पुस्तक में अनेक प्रकार के हनुमान जी के प्रसाद, हनुमान जी की महिमा, हनुमान जी की नामावली, हनुमान जी के कवच, हनुमान जी के स्तोत्रम्, हनुमान जी के पाठ, हनुमान जी के उपाय, हनुमान जी के मंत्र बताए। परंतु प्रियजनों ! जो हनुमान जी का साधक है उसे ये बात ध्यान रखनी होगी कि श्री हनुमान जी, जो हमारे ईष्ट हैं, आराध्य हैं, साध्य हैं; इनका प्रिय क्या है ? जैसे हमारे प्रिय हनुमान जी हैं तो हनुमान जी का प्रिय क्या है ? यह जानना बहुत आवश्यक है। जैसे साधारण बोलचाल में साधारण प्रेम करने वाले व्यक्ति आपस में एक-दूसरे के प्रिय रंग, प्रिय शब्द, प्रिय वस्त्र, प्रिय भोजन के बारे में पता लगाते हैं और प्रस्तुत करते हैं ताकि वह व्यक्ति प्रसन्न हो जाए। वैसे ही हम साधकों को भी अपने साध्य, आराध्य श्री हनुमान जी की प्रिय वस्तुओं का पता करना चाहिए। यहां कुछ बातें दी जा रही हैं, श्री हनुमान जी को -

१. रामकथा सुनना प्रिय है →

सर्वप्रथम हनुमान जी को प्रिय है - रामकथा। हनुमान जी रामकथा के बहुत प्रेमी हैं। इसीलिए इसका वर्णन आया –

प्रभु चरित्र सुनिबे को रसिया। राम लखन सीता मन बसिया ॥

ह. चा. : ०८

इससे सिद्ध होता है कि हनुमान जी को रामकथा प्रिय है। तो, आप प्रतिदिन पाँच मिनिट, दस मिनट हनुमान जी को कथा सुनाने की आदत आरंभ करो। पटा पर लाल कपड़ा बिछाओ, हनुमान जी का विग्रह रखो

और रामचरितमानस की पाँच चौपाइयां प्रतिदिन सुनाओ। इससे घर का माहौल भी बदलेगा और आपके प्रिय हनुमान जी को एक प्रिय वस्तु सुनाने का अवसर भी आपको मिलेगा।

२. नाम-संकीर्तन गाना प्रिय है →

हनुमान जी को दूसरा प्रिय है - नाम संकीर्तन – 'सुमिरि पवनसुत पावन नामू, अपने बस करि राखे रामू।' हनुमान जी को नाम संकीर्तन बहुत प्रिय है। आपने बहुत से चित्र देखे होंगे जिसमें हनुमान जी दोनों हाथों में करताल लिए हुए बैठे हैं, हनुमान जी को संकीर्तन भी बहुत प्रिय है। उन्होंने नाम जप करके राम जी को अपने वश में कर लिया।

श्री सालासर बालाजी के प्रथम महंत, जिन्होंने सालासर बालाजी की प्रत्यक्ष कृपा पायी है ऐसे पूज्य श्री मनमोहनदास बाबा का बनाया हुआ संकीर्तन है –

सीताराम हनुमान, सीताराम हनुमान।
सीताराम हनुमान, सीताराम हनुमान॥

यह नाम संकीर्तन हनुमान जी को प्रतिदिन सुनाने से निश्चित रूप से उनको प्रसन्नता होती है। इसीलिए श्री हनुमान जी को रिझाने के लिए यह नाम संकीर्तन श्री बागेश्वर धाम बालाजी के मंदिर पर निरंतर गुंजायमान होता रहता है।

३. राम-काज करना प्रिय है →

हनुमान जी को तीसरा प्रिय है राम-काज। इसका प्रमाण है –

बिद्यावान गुनी अति चातुर। राम काज करिबे को आतुर॥

ह. चा.: ०७

हनुमान जी को राम-काज बड़ा प्रिय है। ये राम-राज क्या है ? राम-नाम की महिमा को बढ़ाना, राम-नाम की महिमा का प्रचार करना, राम जी की महिमा बताकर राम जी के चरित्र पर स्वयं चलकर लोगों को चलाने के लिए प्रेरित करना; राम जी के मंत्रों का संरक्षण करना, राम-नाम से लोगों को जोड़ना, यह राम-काज है। इन राम-काज को करने वाला व्यक्ति, अपने काम-काज के साथ अगर राम-काज करेगा तो हनुमान जी को बहुत प्रसन्नता होगी।

४. भक्तों से सिंदूर चढ़वाना प्रिय है →

हनुमान जी को चौथा प्रिय है सिंदूर चढ़वाना। अच्छा, सिंदूर चढ़वाना क्यों प्रिय है ? कथा सबको पता ही है... माता जानकी जी एक बार सिंदूर लगा रही थीं, हनुमान जी ने पूछा, "माँ ! ये क्या कर रही हो ?" माता जानकी ने कहा, "बेटा ! चुटकी भर सिंदूर लगाने से हमारे स्वामी यानी तुम्हारे प्रभु की आयु लंबी होती है।" हनुमान जी मन-ही-मन सोचने लगे जब थोड़ा सा सिंदूर लगाने से आयु लंबी हो जाती है तो क्यों न हम अपने पूरे शरीर में सिंदूर लगाएं ताकि हमारे प्रभु अजर-अमर हो जावें। तो हनुमान जी सिंदूर लगाकर रबार में गए। प्रभु हँसने लगे। यह हनुमान जी कौन सा भेस बनाकर आ गए ! तब हनुमान जी ने पूरी बात बतायी तो राम जी और हँसे। फिर, रामजी ने आशीर्वाद दिया कि जाओ अब जो भी तुम्हारे तन पर यह सिंदूर चढ़ाएगा उसके सभी मनोरथ पूर्ण होंगे। हनुमान जी को यह भी प्रिय है।

५. धर्म के लिए संतों की रक्षा करना प्रिय है →

हनुमान जी को संतों की रक्षा करना बहुत प्रिय है –

साधु संत के तुम रखवारे। असुर निकंदन राम दुलारे ॥

ह. चा. : ३०

हनुमान जी साधु-संतों के रक्षक हैं, हनुमान जी को संतों की रक्षा करना बड़ा प्रिय है क्योंकि संतों के कारण ही भगवंत की महिमा है। इसलिए हनुमान जी संतों की रक्षा करते हैं। चाहे वो तुलसीदास जी हों, जंगी जी महाराज हों, संत स्वामी समर्थ रामदास जी हों या पूज्य नीमकरौली वाले बाबा हों, चाहे कोई भी संत हों हनुमान जी सबकी रक्षा करते हैं। इसलिए हम लोगों को भी हनुमान जी के चरित्र पर चलने के लिए संतों के वचन की, मान की, मर्यादा की रक्षा करनी चाहिए।

६. रामकाज में लगे हुए भक्तों को राम जी से मिलवाना प्रिय है →

हनुमान जी को प्रिय है - रामकाज में लगे हुए लोगों को राम जी से मिलवाना। यह हनुमान जी का बड़ा प्रिय काम है। किस किस को मिलवाया ? विभीषण को मिलवाया। लंका में वो राम-राम करता था। राम जी से मिलवाया। सुग्रीव को मिलवाया, वो ऊपर पर्वत पर बैठे हुए थे। हनुमान जी राम जी को ले करके गए। तो हनुमान जी का यह उद्देश्य है कि जो भी रामकाज करता है, उसको वो राम जी से मिलवाने का कार्य करते हैं। हम लोगों को भी यह जीवन में सीखना है हनुमान जी से कि हनुमान जी के इस प्रिय कार्य को करना है कि जो रामकाज में लगे हुए लोग हैं उनका यदि हम खुलकर समर्थन न कर पायें तो साथ में खड़े होकर समर्थन करना चाहिए।

७. राम जी की आज्ञा का पालन व राम जी की सेवा करना प्रिय है →

हनुमान जी रामजी की सेवा करते हैं। अयोध्या में राजा राम जी विराजमान हैं, कभी चरणों की सेवा करना, कभी चुटकी की सेवा करना, कभी भगवान् के भक्तों की सेवा करना, कभी भगवान् की आज्ञा की सेवा करना, कभी राम जी की आज्ञा मानकर के संजीवनी बूटी लाना। इससे सिद्ध होता है हनुमान जी को राम जी की सेवा करना बड़ा प्रिय है।

हम लोगों को भी हनुमान जी के सात प्रिय कार्यों को जीवन में उतारना चाहिए और जो भगवान् की सेवा कर रहा हो हम लोगों को उनकी सेवा करनी चाहिए। यहाँ पर गज और ग्राह की कथा सिद्ध होती है –

एक हाथी का पैर मगरमच्छ ने पकड़ लिया। हाथी ने भगवान् को पुकारा। भगवान् ने चक्र सुदर्शन छोड़ा मगरमच्छ का सिर काट दिया। लोगों ने भगवान् से पूछा, कि "आपकी स्तुति किसने की ?" वे बोले, "हाथी ने।" "आपको बुलाया किसने ?" वे बोले। "गज यानी हाथी ने।" "आप आये किस को बचाने ?" भगवान् बोले, "हाथी को बचाने।" "फिर सबसे पहले उद्धार आपने मगरमच्छ का क्यों किया ?" तो भगवान् ने उत्तर दिया, "जो हमारा भक्त है उसका उद्धार तो होना ही है, पर जो हमारे भक्त के चरण को पकड़ लेगा उसका हम पहले उद्धार कर देंगे।" इसलिए हनुमान जी को यह सात बातें प्रिय हैं। और श्री हनुमान-साधकों को यह प्रिय बातें याद रखनी पड़ेंगी ताकि प्रभु को, अपने आराध्य हनुमान जी को आप प्रसन्न कर पाओ।

अध्याय - ९

पढ़ने वाले विद्यार्थियों (Students) के लिए हनुमान जी

बहुत से बच्चे बताते हैं कि पढ़ने में मन नहीं लगता। पढ़ाई पर कौन्सन्ट्रेट कैसे करें ? उसके लिए आशीर्वाद की क्या विधि हो सकती है। तो, हनुमान जी की उपासना करने वाले साधकों के लिए, हनुमान जी को मानने वाले बच्चों के लिए हनुमान जी की कृपा-प्रेरणा अनुसार एक उपाय है। एक चौपाई हनुमान चालीसा की है –

बिद्यावान गुनी अति चातुर। राम काज करिबे को आतुर॥

ह. चा.: ०७

पढ़ने वाले विद्यार्थी को प्रातःकाल सूर्य को अर्घ्य देते समय इस चौपाई को बारह बार बोलना है। बारह बार बोलकर जल देना है सूर्य भगवान् को। और बैठकर के मन को एकाग्रचित्त करके सूर्य भगवान् को एकटक देखने की कोशिश करना। अथवा नेत्र बंद करके सूर्य का ध्यान करना है पाँच मिनट तक। इसके बाद प्रणाम करके हमें इसी चौपाई को बोलकर के विद्या अध्ययन करना है। ऐसा करने से विद्यार्थी का मन भी लगेगा और याददाश्त भी तीक्ष्ण होगी। भास्कर भगवान् सूर्य देवता विद्या और याददाश्त के देवता हैं तो वे विद्या भी तीक्ष्ण करेंगे और इस चौपाई से हनुमान जी का आशीर्वाद भी मिलेगा और अपनी मेहनत के अनुसार पढ़ाई में आगे भी बढ़ेंगे।

अध्याय - १०

हनुमान जी के प्रिय आठ प्रसाद

प्रिय साधकों ! हनुमान जी के प्रिय आठ प्रसादों के बारे में जानिये । आठ प्रकार के प्रसाद, आठ प्रकार के भोग, जिन को पाकर हनुमान जी प्रसन्न होते हैं । और प्रत्येक प्रसाद को चढ़ाने का अलग-अलग लाभ है । इन्हें देखिये -

१. <u>हनुमान जी का प्रथम प्रिय प्रसाद - गुड़ और चना</u> →

हनुमान जी के प्रिय प्रसादों में प्रथम है गुड़ और चना । क्लेश शांत करने हेतु भुने हुए चने और पवित्र गुड़ स्वच्छ पवित्र बर्तन में अथवा पत्तल में कोई भी साधक श्रद्धाभावपूर्वक चढ़ाता है तो उसके घर का क्लेश शांत हो जाता है । यह हनुमान जी का प्रिय प्रसाद है गुड़ और चना ।

२. हनुमान जी का दूसरा प्रिय प्रसाद - चूरमा के लड्डू →

हनुमान जी का दूसरा प्रिय प्रसाद है चूरमा के लड्डू। गाय के शुद्ध घी की पूड़ी बनाकर, उनको मीसकर उसमें भिगोई हुई चने की दाल और गुड़ डालकर चूरमा के लड्डू बनाए जाते हैं। जो कोई चूरमा के लड्डू बनाकर हनुमान जी को चढ़ाता है तो उसका फल पाता है। यदि कोई बच्चा डिप्रेशन में हो, स्ट्रेस में हो, गुमसुम रहता हो, उस बच्चे के नाम से अगर ग्यारह शनिवार, मंगलवार इस प्रसाद को चढ़ाकर उस बच्चे को पवा दें है तो उस बच्चे का मन प्रसन्न रहने लगता है और घर में प्रसन्नता छा जाती है।

३. हनुमान जी का तीसरा प्रिय प्रसाद - पान का बीड़ा →

हनुमान जी को मीठा पान बड़ा प्रिय है। कोई भी साधक हनुमान जी को शुद्ध मीठा पान चढ़ाएं जिसमें सुपाड़ी, तम्बाकू आदि का प्रयोग न किया जावे -'लाल लंगोटा, हाथ में सोटा मुख में बीड़ा पान। बागेश्वर वाले हनुमान, बागेश्वर वाले हनुमान।' अगर आप दुश्मनों से छुटकारा पाना चाहते हैं तो

अपने हाथ से शुद्ध मीठा पान बनाकर हनुमान जी को चढ़ाइये, हनुमान जी को बहुत ही प्रिय है। इसको चढ़ाने से दुश्मनों से छुटकारा मिलता है।

४. हनुमान जी का चौथा प्रिय प्रसाद – केसर का भात →

भात कहते हैं चावल को। कोई भी व्यक्ति पवित्र भाव से अपने हाथ से भात बनाकर उसमें केसर डालकर हनुमान जी को भोग लगाता है; वह भोग जिसकी कुंडली में मंगल दोष है उसको पवाता (खिलाता) है, तो कुंडली का मंगलदोष शांत हो जाता है। यह हनुमान जी का चौथा प्रिय प्रसाद है।

५. हनुमान जी का पाँचवा प्रिय प्रसाद – श्रीफल →

श्रीफल, जिसे कहते हैं नारियल। यह हनुमान जी का पाँचवा प्रिय प्रसाद है। लेकिन हम लोग गलती करते हैं नारियल फोड़ते हैं, खोपड़ी हनुमान जी को देते हैं गरी-गोला घरवालों को देते हैं। इससे हनुमान जी की प्रसन्नता नहीं है। श्रीफल यानि नारियल को पूरा समर्पित करना चाहिए, बिना फोड़े हुए। जो भी साधक बिना फोड़े हुए श्रीफल हनुमान जी को समर्पित करता है हनुमान जी उसके घर पर रक्षक बन करके रहते हैं। हनुमान जी श्रीफल को न्योते के रूप में स्वीकार करते हैं। यह हनुमान जी का पाँचवा प्रिय प्रसाद है।

६. हनुमान जी का छठवाँ प्रिय प्रसाद - इमरती →

यह बड़ी अद्भुत है, इमरती यानि जलेबी। हनुमान जी को यह बड़ी प्रिय है, पर शुद्ध घी से बनी हो। यदि किसी साधक का इष्ट, साधक से नाराज़ हो गया हो, और वह साधक अपने इष्ट का दर्शन करना चाहता हो तो शुद्ध पीपल के पत्तों पर, तुलसी दल डालकर जलेबी का प्रसाद जो चढ़ाएगा, हनुमान जी उसके ईष्ट को आज्ञा देकर के प्रसन्न कर देंगे। क्योंकि 'और देवता चित्त न धरई, हनुमत सेई सर्व सुख करई।' यह हनुमान जी का छठवाँ प्रिय प्रसाद है, इमरती।

७. हनुमान जी का सातवाँ प्रिय प्रसाद – फल →

हनुमान जी वानर रूप में हैं। कपिश्रेष्ठ हैं हनुमान जी। तो इनका प्रिय प्रसाद है फल - केला, सेव आदि। जो भी भक्त प्रेमपूर्वक शुद्ध धुले हुए फल चढ़ाते हैं उनको हनुमान जी प्रतिफल के रूप में भक्ति का आशीर्वाद देते हैं। राम भक्ति देते हैं। राम-नाम की भक्ति देते हैं। यह सातवाँ प्रसाद प्रिय है फल।

८. हनुमान जी का आठवाँ प्रिय प्रसाद - खीर →

हनुमान जी का आठवाँ प्रिय प्रसाद है खीर, जिसको कहते हैं तसमई। पवित्रता से पंच मेवा डालकर पवित्र भाव से जो मीठी खीर बनाकर हनुमान जी को चढ़ाता है उसकी घर की दरिद्रता भाग जाती है, संपन्नता आती है; ऐसा खीर प्रसाद चढ़ाने का फल है। यह हनुमान जी का प्रिय प्रसाद है खीर।

यह आठ प्रिय प्रसाद आप अपने दैनिक पूजा में उपयोग कर सकते हैं।

अध्याय - ११

हनुमान जी के शाबर मंत्र

प्रिय पाठकों ! इस पुस्तक में हनुमान जी के शाबर मंत्रों से आपको अवगत कराएंगे। शाबर मंत्रों का प्रयोग करने के पहले कुछ बातें समझ लें। हनुमान जी के शाबर मंत्रों की नियमावली व विधि को ध्यानपूर्वक पढ़ें। हनुमान जी के शाबर मंत्रों का दुरुपयोग कभी नहीं करना है। वशीकरण के लिए, किसी स्त्री के लिए अथवा किसी पर मारण के लिए अथवा किसी भी व्यक्ति के ऊपर उच्चाटन करने के लिए, अहित करने के लिए इनका प्रयोग नहीं करना है। शाबर मंत्रों का प्रयोग तभी करना चाहिए जब कहीं कुछ न चले, तब अंत में इनका प्रयोग करना है; लेकिन किसी के अहित के लिए नहीं; अपितु, जिसमें सबका, हमारा हित हो एसी प्रार्थना के लिए।

साधक के लिए शाबर मंत्रों को सिद्ध करने की विधि →

शाबर मंत्र अपने आप में स्वयं सिद्ध होते हैं, लेकिन इन मंत्रों का सवा लाख जप करने से यह साधक को सिद्ध हो जाते हैं। सवा लाख सिद्धि करने के लिए साधक को किसी भी मंगलवार से प्रारंभ करना है। मंगलवार को हनुमान जी के मंदिर में जाकर नारियल रखना है। गुरू-आज्ञा लेकर साधना को आरंभ करना है। साधना आरंभ करने से पहले हनुमान जी से मंदिर में सिंदूर चढ़वा देवें, लाल कपड़े में नारियल रख आवें, मिठाई, फल, फूल, प्रसाद चढ़ावें व ग्यारह परिक्रमा कर आवें। पाँच लोंगे हनुमान जी के चरणों में रखकर कह आवें आज से अमुक मंत्र... (जो शाबर मंत्र आपको सिद्ध करना हो) शाबर मंत्र को बोलते हुए कहना है कि अमुक-अमुक कार्य के लिए इस मंत्र की सिद्धि प्राप्त होवे और कृपा करें। उन में से किसी भी मंत्र को तुलसी की माला से आप को लगातार जप करना है इकतालीस दिन

अथवा सात दिन। सवा लाख का जप सात दिन के अंदर या इकतालीस दिन के अंदर करना है। अंतिम दिन ब्राह्मण-भोज करवाकर के आप को मंत्र को गोपनीय रखना है। और जिस मंत्र की सिद्धि प्राप्त करनी है भोज पत्र में वही मन्त्र लाल चंदन की लकड़ी की क़लम बनाकर और लाल चंदन को घोलकर भोज पत्र पर लिखकर आपको वह तावीज़ धारण करना है। तो आप शाबर मंत्र से कार्य सिद्ध करवा सकते हैं।

१. सुरक्षा हेतु हनुमान जी का पहला शाबर मंत्र →

अगर आप किसी भी प्रकार का साधना करते हैं और आपको रक्षा चाहिए तो इस मंत्र के सवा लाख जप कर लें तो यह सिद्ध हो जाएगा। फिर आप कहीं पर भी बैठते हैं, सोते हैं, नई जगह जाते हैं, नया स्थान लेते हैं, नया मकान लेते हैं, नयी गाड़ी लेते हैं, कहीं पर भी आप उस को कवच कर के बाँधना चाहते हैं, उसका बंधन करना चाहते हैं, हनुमान जी को आप रक्षा के रूप में देखना चाहते हैं उनकी सुरक्षा लेना चाहते हैं, तो इस शाबर मंत्र को बोलना –

ॐ

गुरुजी को आदेश, गुरूजी को प्रणाम ॥
धरती माता, धरती पिता; धरती धरे ना धीर ॥
बाजे श्रिंगी बाजे तुरतुरि; आया गोरखनाथ मीन का पूत ॥
मुंज का छड़ा, लोहे का कड़ा; हमारी पीठ पीछे यति हनुमंत खड़ा ॥
शब्द सांचा, पिंड सांचा; हनुमान का मंत्र सांचा, फुरे मंत्र ईश्वरी वाचा ॥

इस मंत्र को सात बार बोल करके अमुक जगह पर लकड़ी से आपको गोला लगाना है अथवा मकान के सभी कोनों में घूमना है। आप जहाँ भी रहेंगे इस मंत्र के प्रभाव से हनुमान जी की रक्षा रहेगी।

२. कार्यसिद्धि हेतु, विजय हेतु, कार्य सफलता हेतु हनुमान जी का दूसरा शाबर मंत्र →

आप विजय के लिए जा रहे हैं, यात्रा के लिए, कहीं रास्ते में जा रहे हैं या किसी भी काम के लिए जा रहे हैं या किसी भी कार्य की सफलता के लिए आपको लगता है कि कोई नेगटिविटी हम को रोक देगी, परेशान कर देगी, अवरुद्ध कर देगी या वहाँ हमारी चलेगी नहीं; वहाँ आप इस हनुमान शाबर मंत्र का प्रयोग करेंगे तो आपका काम सफल हो करके ही रहेगा । और मंत्र को पूर्ववत विधि के अनुसार सिद्ध करना है । कार्य सफलता हेतु हनुमान जी का दूसरा शाबर मंत्र ये है -

ॐ

हनुमान पहलवान, पहलवान, बरस बारह का जबान ।।
हाथ में लड्डू मुख में पान, खेल-खेल गढ़ लंका के चौगान ।।
अंजनी का पूत, राम का दूत, छिन में कीलौ नौ खंड का भूत,
जाग-जाग-जाग हनुमान हुंकाला, ताती लोहा लंकाला ।।
शीश जटाडग डेरू उमर गाजे, वज्र की कोठड़ी ब्रज का ताला ।।
आगे अर्जुन पीछे भीम, चोर नार चंपे ने सींण, अजरा झरे भरया भरे;
ई घीट पिंड की रक्षा राजा रामचंद्र और लक्ष्मण कुंवर
हनुमान की दुहाई पे करें ।।

जहाँ भी आप यह मंत्र लगा देंगे आपका कोई बाल भी बांका नहीं कर पाएगा और अमुक कार्य को आप सिद्ध करके आएंगे । इसमें लक्ष्मण जी की और राम जी की तीक्ष्ण दुहाई है अतः इसे सावधानीपूर्वक पढ़ना है । (नोटः मंत्र प्रयोग के साथ-साथ कर्तव्य (कर्म) करना भी आवश्यक है । केवल मंत्र लाभकारी नहीं होगा ।)

३. बंधन हेतु हनुमान जी का तीसरा शाबर मंत्र →

अगर आप अकेले में जाने से डरते हैं, अगर आपको अकेले में जाने से बुरी शक्तियों का आभास होता हो.... रात्रि के समय में वाहन चला रहे हैं, दिक्कत लग रही है या आप कहीं एक दिन के लिए रुके हुए हैं या आपने अकेले में सबको छोड़ रखा है या आपको अकेले किसी ने छोड़ दिया है; ऐसी जगह आप फँस गए हैं जहाँ आपको कुछ समझ में नहीं आ रहा हो और आपको आभास हो रहा हो कि यहाँ नकारात्मक शक्तियाँ है और ये हमें परेशान न करें और हम चले जाएं। तो आपको कुछ नहीं करना है इस शाबर मंत्र को आप मात्र ग्यारह हज़ार के जप करने से सिद्ध कर सकते हो। इसको सवा लाख जप करने की आवश्यकता नहीं है। साधकों! बंधन हेतु यह मंत्र बहुत छोटा है और ग्यारह हज़ार जप करने से और ब्राह्मण भोजन कराने से सिद्ध होगा -

ॐ

उत्तर बांधूँ, दक्षिण बांधूँ, बांधूँ चारों जौगारी॥
नजर बांधूँ, गुजर बांधूँ, बांधूँ देह मचारी;
रामदुहाई फेरें शब्द सांचा, पिंड सांचा;
फुरे मंत्र हनुमान का ईश्वरी वाचा॥

इस मंत्र को बोलने से आप बंधन कर सकते हो कुछ क्षण के लिए।

४. व्यापार चलाने के लिए हनुमान जी का चौथा शाबर मंत्र →

एक शाबर मंत्र यदि कोई भी कार्य सिद्ध करना है, मनोरथ सिद्ध करना है, व्यापार सिद्ध करना है। व्यापार पे बैठ रहे हैं, दुकान पे बैठ रहे हैं; चल नहीं रही है, परेशान हो रहे हैं, दिमाग़ बहुत टेंशन में है। आप इस शाबर मंत्र के

सवा लाख जप करिए, साथ में पुरुषार्थ भी करिए। इस बात को ध्यान देना है कोई भी शाबर मंत्र बिना पुरुषार्थ के काम नहीं करता है। केवल मंत्र के बल पर आप सिद्धि नहीं पा सकते हो। मंत्र के साथ-साथ पुरुषार्थ की भी आवश्यकता है। व्यापार चलाने के लिए शाबर मंत्र –

ॐ

बीर बजरंगी, राम-लक्ष्मण के संगी,

जहां-जहां जाय फतेह करे, डंका बजाय ॥

माता अंजनी की आन, हमारा काम सिद्ध करे;

हमारी भक्ति, गुरु की शक्ति, फुरे मंत्र ईश्वरी वाचा ॥

इस मंत्र को बोलने से आप अपने व्यापार में एवं किसी भी प्रकार के मनोरथ की सिद्धि कर सकते हैं। (नोट: मंत्र प्रयोग के साथ-साथ कर्तव्य (कर्म) करना भी आवश्यक है। केवल मंत्र लाभकारी नहीं होगा।)

नोट:

मंत्रों को सावधानीपूर्वक ब्रह्मचर्य की परंपरा में ब्रह्मचर्य के साथ अनुष्ठान में सिद्ध करना है। मंत्रों का सावधानीपूर्वक प्रयोग करना है। मारण, मोहन, वशीकरण, स्तंभन, उच्चाटन आदि किसी भी प्रकार की अनुचित दृष्टि से किया गया हुआ मंत्र फलीभूत नहीं होगा। इसके ज़िम्मेदार आप स्वयं होंगे। पुस्तक लेखक की एवं बागेश्वर परंपरा की कोई ज़िम्मेदारी नहीं होगी। इस बात को ध्यान देना है कि कोई भी शाबर मंत्र बिना पुरुषार्थ के काम नहीं करता है। साधक को जाप के साथ-साथ कर्तव्य (कर्म पुरुषार्थ) करना नहीं भूलना है। केवल सिद्धि फलीभूत नहीं होती। सिद्धि के साथ-साथ कर्म आवश्यक है। केवल मंत्र के बल पर आप सिद्धि नहीं पा सकते हैं।

अध्याय - १२

स्वप्न में हनुमान जी दर्शन अनुष्ठान विधि

साधकों ! यह उपाय बहुत संतो के मुख से सुना, दादागुरु जी के मुख से सुना, इस उपाय को भिन्न-भिन्न लोगों ने भिन्न-भिन्न तरीक़े से बताया। पर दादागुरु जी ने अनुभव करके इसको बताया है। यदि आप स्वप्न में हनुमान जी का दर्शन करना चाहते हैं तो शुक्ल पक्ष के महीने में.... माह के दो पक्ष होते हैं – शुक्ल पक्ष और कृष्ण पक्ष; शुक्ल पक्ष में किसी भी मंगलवार से अथवा हनुमान जन्मोत्सव या रामनवमी के दिन से हनुमान जी की इक्यासी दिन की साधना होती है जिससे स्वप्न में हनुमान जी के दर्शन होते हैं।

इक्यासी (८१) दिन की साधना की विधि →

शुक्ल पक्ष के किसी भी मंगलवार अथवा रामनवमी या हनुमान जन्मोत्सव के मंगलवार से इक्यासी दिन की साधना आरंभ होती है। ध्यान रहे रास्ते में जाते समय और आते समय मौन रहना है। पहले दिन गीले लाल वस्त्र या लाल वस्त्र पहनकर गाँव के बाहर किसी भी एकांतिक प्राण प्रतिष्ठित हनुमान जी के अथवा शहर के बाहर प्राण प्रतिष्ठित हनुमान जी के मंदिर में एक नारियल, ग्यारह लोंग, ग्यारह उड़द के दाने, ग्यारह लाल पुष्प व पीले चावल लेकर जाएं। वहां जाकर नारियल को चरणों में रखकर ग्यारह लौंग, ग्यारह उड़द के दाने, ग्यारह लाल पुष्प हनुमान जी के सिर पर रख देना चंदन लगाना व पीले चावल चढ़ाना है। और इस चौपाई को बोलते हुए ग्यारह परिक्रमा करना -

सुमिरि पवनसुत पावन नामू। अपने बस करि राखे रामू॥

रा.च.मा. : बाल. : दो. २५ : चौ. ०६

परिक्रमा करने के बाद हनुमान वडवानल स्तोत्रम् का पाठ करना है। ब्रह्मचर्य का पालन करना, रात्रि में सोने के पहले प्रतिदिन हनुमान चालीसा के ग्यारह पाठ करना है और पाठ करते ही सोना है। प्रतिदिन प्रातः काल ब्रह्ममुहूर्त में उठकर स्नान आदि करके ब्रह्मचर्य आदि का पालन करते हुए जो साधना विधि है उसको करना। दूसरे दिन से पुनः दर्शन करने जाना। दूसरे दिन उड़द के केवल दो दाने लेकर जाना है। पहले दिन ग्यारह, उसके अगले दिन दो दाने, बढ़ते क्रम में दूसरे दिन दो, तीसरे दिन तीन, चौथे दिन चार, पाँचवे दिन पाँच.... आठवें दिन आठ.... बीसवें दिन बीस..... चालीसवें दिन चालीस और इकतालीसवें दिन इकतालीस उड़द के दाने ले जाकर मंदिर में रखकर प्रतिदिन ग्यारह परिक्रमा करना है। प्रतिदिन परिक्रमा करने के बाद हनुमान वडवानल स्तोत्रम् का पाठ करना है। यदि हनुमान वडवानल स्तोत्रम् नहीं आता है, संस्कृत नहीं आती है तो हनुमान चालीसा कर सकते हो। यह परिक्रमा व पाठ इक्यासी दिन तक प्रतिदिन करने हैं। इकतालीस दिन तक बढ़ते क्रम में उड़द के दाने ले जाना है। और बयालीस वें दिन से इक्यासी वें दिन तक घटते क्रम में उड़द के दाने ले जाना है। इकतालीसवें दिन इकतालीस उड़द के दाने के बाद, बयालीसवें दिन चालीस उड़द के दाने, तैंतालीसवें दिन उनतालीस दाने, चवालीसवें दिन अड़तीस दाने, पैंतालीसवें दिन सैंतीस दाने.... बत्तीस, ... तेईस, ... आठ, सात, दो और एक। इक्यासी वें दिन जब एक उड़द दाना लाएंगे तो वो जाकर रख दें ग्यारह परिक्रमा व हनुमान वडवानल स्तोत्रम या हनुमान चालीसा का पाठ करें। दिन में अपने काम करना रात्री को सोने के पहले हनुमान चालीसा के ग्यारह पाठ करके सोना। रात्रि को सोते समय हनुमान चालीसा के ग्यारह पाठ करना भूलना नहीं है। ऐसा करने से श्रद्धा प्रबल होने के कारण साधक को शयन में स्वप्न में हनुमान जी के दर्शन अवश्य ही होते हैं। यह दादागुरु जी का बताया हुआ उपाय है।

अध्याय - १३

हनुमान जी के सिद्ध प्रयोग

सावधानी: इन सिद्ध प्रयोगों का दुरुपयोग न करें।

श्री हनुमान चालीसा, श्री रामचरितमानस की चौपाइयों के कुछ सिद्ध प्रयोग हैं, जिन प्रयोगों से आप अपने मनोरथों की पूर्ति कर सकते हैं। ध्यान दें, भगवान् शङ्कर का यह कृपा प्रसाद गोस्वामी श्री तुलसीदास द्वारा रचित श्री हनुमान चालीसा एवं श्रीरामचरितमानस ग्रंथ का है। इनकी चौपाइयां भगवान् शङ्कर का कृपा प्रसाद है। स्वयं भगवान् शङ्कर ने अपने हस्ताक्षर कर के इनको प्रमाणित किया है यह चौपाइयां अपने आप में सिद्ध हैं। फिर भी यहां आपको कुछ चौपाइयों का उल्लेख किया जा रहा है, जिन चौपाइयों को सिद्ध करने से आप अपने काम सिद्ध करवा सकते हैं।

साधना सिद्धि / चौपाइयों को सिद्ध करने की विधि

दिन का उपक्रम →

इन चौपाइयों को सिद्ध करने के लिए सर्वप्रथम शनिवार या मंगलवार के दिन हनुमान जी का आवाहन करें। आवाहन का मतलब निमंत्रण दे दें। निमंत्रण देने के लिए लौंग, नारियल और पीले चावल को हाथ में लेकर हनुमान जी के मंदिर में जाकर रख दें। और प्रार्थना करें कि हमारी अमुक चौपाई, जिस चौपाई को आपको उस सिद्ध करना हो, जो चौपाइयां हैं उसमें से जिस भी चौपाई को, जिस कामना के लिए आप को सिद्ध करनी हो उस चौपाई को सिद्ध करने के लिए आप का निमंत्रण है, राम जी के सहित आप पधारना।

आवश्यक सामग्री →

दीपक, फल, फूल, दो माला, इत्र, पान के पत्ते, नारियल, जल के सहित लोटा, गाय का शुद्ध घी, राम दरबार और रामचरितमानस, पटा, चंदन की लकड़ी, छेवला यानि पलाश की लकड़ी, धूप, लाल कपड़ा, हनुमान जी का विग्रह आदि यह सामग्री पहले ही रख लें।

रात्रि-साधना →

दिन में आवाहन कर लेने के बाद, रात्रि दस बजे, पहले आप स्नान-ध्यान आदि करके निवृत्त हो जाएं। इसके बाद में सबसे पहले हनुमान जी का आवाहन करें। एक स्थान पर आसन डालें। लाइट को बंद कर दें फिर आसन पर बैठकर दीप प्रज्जवलित करें। केवल दीपक का उजाला होना चाहिए, दीपक में गाय का शुद्ध घी होना चाहिए। शोर-शराबा नहीं हो व उस स्थान पर कोई दूसरा नहीं होना चाहिए। जिस चौपाई को जिस काम के लिए आप को सिद्ध करनी है, मंगलवार की रात्रि में दस बजे से उस चौपाई को बोलते हुए आप को चंदन अथवा छेवला यानि पलाश की लकड़ी से पहले गोला खींच लें, उसी चौपाई को बोलकर चाक लगा लें। इसके बाद में धूप जलावें, लाल कपड़े पर राम-दरबार, हनुमान जी का विग्रह रख लेवें। रामचरितमानस को पटा के ऊपर रख लेवें, प्रणाम करें; इसके बाद में पुष्प चढ़ावें, ध्यान करें। इसके बाद में प्रार्थना करें, फिर हाथ में संकल्प लेवें। जिस चौपाई की आपको सिद्धि करनी है उस चौपाई को बोलें कि हम इस चौपाई को सिद्ध करना चाहते हैं। जो भी चौपाई आप सिद्ध करना चाहें वह आपको मंगलवार के दिन रात्रि दस बजे से दस हज़ार बार जप करने से अमुक चौपाई सिद्ध हो जाएगी। दस हज़ार बार जप एक दिन में नहीं अपितु आपको दस मंगलवार में करने हैं। प्रति मंगलवार आपको एक-एक

हज़ार बार एक चौपाई का जप करना है। दस हज़ार जप होने के बाद में दशांश हवन करना है। दशांश (दस हज़ार का दसवाँ हिस्सा) मतलब एक हज़ार बार उसी चौपाई का हवन करना है। यह भी दस मंगलवार में करना है। मतलब कुल बीस मंगलवार की पूरी साधना है। वह चौपाई आपको सिद्ध हो जाएगी फिर उस चौपाई का जिस भी काम के लिए प्रयोग करेंगे वह सफलता अवश्य देगी इसमें किंचित् मात्र भी संदेह नहीं है। ये चौपाइयां मौन होकर के बोलनी हैं ताकि किसी को सुनाई न देवें, ये सभी चौपाइयां ऊँची आवाज़ में नहीं बोलनी हैं। ये चौपाइयां मंत्र बन जाएंगी और अमोघ बाण की तरह काम करेंगी, राम बाण की तरह काम करेंगी। यह तुलसीदास जी की वाणी है। यह हुई साधना सिद्धि की विधि। अब हम देखेंगे कि विविध कामनाओं की पूर्ति के लिए कौन-कौन सी चौपाइयां हैं -

विविध कामनाओं की पूर्ति के लिए विविध चौपाइयां

नकारात्मक ऊर्जा से छुटकारा पाने के लिए चौपाई →

यदि आप को कहीं नकारात्मक ऊर्जा नज़र आ रही है और आपको उसे हटाना है तो इसके लिए दो चौपाइयां हैं - एक रामायण की है, एक हनुमान चालीसा की। दोनों एक ही कार्य करेंगी –

हनुमान अंगद रन गाजे। हाँक सुनत रजनीचर भाजे॥

रा.च.मा. : लंका. : दो. ४६ : चौ. ०६

इस चौपाई को दस हज़ार बार जप करके एवं दशांश यानि दसवाँ भाग हवन करके सिद्ध की हुई चौपाई का प्रयोग कर के जो भी जल का छिड़काव कर देता है उस स्थान के सभी भूत-प्रेत आदि भाग जाते हैं।

दूसरी चौपाई हनुमान चालीसा की है–

भूत पिसाच निकट नहिं आवै। महाबीर जब नाम सुनावै॥

ह. चा. : २४

इस चौपाई का प्रयोग भी उसी साधना के अनुरूप जैसे पहली चौपाई का बताया वैसे ही प्रयोग कर सकते हैं।

अदालत में मुकदमे में सत्य की विजय पाने के लिए चौपाई →

यदि आपको मुक़दमे में विजय प्राप्त करनी है तो फ़ैसले के दिन अदालत जाते समय इस सिद्ध की हुऐ चौपाई को बोलते हुए अदालत में प्रवेश करें। इस चौपाई को बोलने पर फ़ैसला सत्य के पक्ष में होता है। इस बात का ध्यान दें कि आप सत्य होने चाहिए। तभी यह चौपाई कार्य करेगी।

पवन तनय बल पवन समाना। बुधि बिबेक बिग्यान निधाना॥

रा.च.मा. : किष्किंधा. : दो. २९ : चौ. ०४

सिद्ध करके इस चौपाई को बोलते हुए जो अदालत में प्रवेश करता है सत्य की जीत होती है। जो सत्य होगा उसकी जीत होगी।

बंधन से छूटकारा पाने के लिए चौपाई →

यदि कोई बंधन में पड़ गया, चाहे स्त्री के बंधन में पड़ गया हो, चाहे किसी का पति, बेटा, भाई बंधन में पड़ गया हो; व्यापार, कामकाज बंधन में हो गया हो, जेल के या किसी नकारात्मक एनर्जी के बंधन में पड़ गए हों तो इस चौपाई को जब पूर्व बतायी हुई साधना से सिद्ध करके दस हज़ार बार जप करके, दशांश हवन करके सिद्ध करता है और इसका प्रयोग करता है तो निश्चित रूप से वह बंधन से छूट जाता है। यह चौपाई हनुमान चालीसा की है –

जो सत बार पाठ कर कोई । छूटहि बंदि महासुख होई ॥

ह. चा. : ३८

इस चौपाई के दो प्रयोग हैं –

१) हनुमान चालीसा का चालीस दिनों तक पाठ करते हुए इस चौपाई का हवन करने से भी बंधन छूटता है । और

२) केवल इस चौपाई का पाठ करके सिद्ध करने से भी बंधन छूटता है ।

हनुमान जी को प्रसन्न करने के लिए चौपाई →

यदि आप हनुमान जी को प्रसन्न करना चाहते हैं तो हनुमान मंदिर की प्रदक्षिणा करते हुए यह चौपाई बोलनी चाहिए –

सुमरि पवनसुत पावन नामू । अपने बस करि राखे रामू ॥

रा.च.मा. : बाल. : दो. २५ : चौ. ०६

यदि आप इस चौपाई को पूर्ववत् बतायी हुई साधनाविधि से सिद्ध कर लेते हैं और हनुमान जी की प्रदक्षिणा करते हुए यदि आप इस चौपाई को बोलते हैं तो निश्चित रूप से हनुमान जी आपसे प्रसन्न होंगे ।

हनुमान जी को जगाने के लिए चौपाई →

यदि आप हनुमान जी को जगाना चाहते हैं, कोई काम बताना चाहते हैं, अपनी कोई अर्ज़ी सुनाना चाहते हैं तो पहले इस चौपाई को सिद्ध कर लो - यह चौपाई अगर आप सिद्ध करेंगे तो हनुमान जी तुरंत तत्क्षण आपकी बात को, आपकी अर्ज़ी को सुनेंगे यह चौपाई पूर्व बतायी हुई साधना के अनुसार सिद्ध कर लीजिए –

राम काज लगि तव अवतारा। सुनतहिं भयउ पर्बताकारा॥

राःच.मा.: किष्किंधा.: दो. २९: चौ. ०६

इस चौपाई को बोलकर आप हनुमान जी को जाग्रत कर सकते हैं।

रोगनिवारण के लिए चौपाई →

यदि आपको रोग परेशान कर रहा है व रोग से ग्रसित हो तो हनुमान चालीसा की चौपाई को आप पूर्व बतायी हुई साधना अनुसार सिद्ध कर लीजिये। बस कटोरी में गङ्गाजल लेकर १०८ बार फूँक लगाकर चालीस दिन तक रोगी को पिलाइए, दवा साथ में चलाइए। दवा और कृपा दोनों चलेगी रोगी तुरंत ठीक हो जाएगा दवा काम करने लगेगी –

नासै रोग हरै सब पीरा। जपत निरंतर हनुमत बीरा॥

ह. चा.: २५

रुके हुए काम बनाने के लिए चौपाई →

काम रुक रहे हों, कोई भी काम सिद्ध न हो रहा हो, बहुत परेशान हों तो आप इस चौपाई का हवन करें। ध्यान दें - इसका जप नहीं करना, इसका हवन करना है दस हज़ार बार। दस हज़ार नारियल लेकर के या दस हज़ार सुपारी लेकर के। दस हज़ार नारियल की श्रद्धा नहीं है, दस हज़ार सुपाड़ियों की श्रद्धा नहीं है, तो दस हज़ार कमल गट्टे सस्ते पड़ेंगे। कमल गट्टे घी में डुबोकर हवन सामग्री रखकर इस चौपाई को दस हज़ार बार बोलो तो चौपाई सिद्ध होगी –

दुर्गम काज जगत के जेते। सुगम अनुग्रह तुम्हरे तेते॥

ह. चा.: २०

इस चौपाई को बोलो, तो कोई काम नहीं रुकेगा और जो काम तुम करने जाओगे इस चौपाई को बोल दोगे, काम फतेह हो करके रहेगा । ध्यान दें इस चौपाई की साधना विधि में बदलाव है इसका जप नहीं करना है इसको बोलते हुए हवन करना है ।

संकट-निवारण के लिए चौपाई →

संकट से हैरान हो, संकट आपको परेशान कर रहा है और संकटों से निपट नहीं पा रहे हैं, तो हनुमान चालीसा की इस चौपाई को आप सिद्ध कर लीजियेगा । इस चौपाई को सिद्ध करने के लिए आपको बहते हुए जल में खड़े होकर इस चौपाई का मात्र ग्यारह सौ बार जप करना है । इस चौपाई को ग्यारह दिनों में, ग्यारह सौ बार बोलना है, जिसे मंगलवार के दिन से आरंभ करना है । बहते हुए जल में या ठहरे हुए जल में आप खड़े हो जाइए; जल में खड़े होकर के चौपाई बोलिए । फिर दशांश हवन कर दीजिए और आठ वर्ष से छोटी कन्याओं को भोजन करवा दीजिए -

संकट कटै मिटै सब पीरा । जो सुमिरै हनुमत बलबीरा ॥

ह. चा. : ३६

इस चौपाई को जल में खड़े होकर ग्यारह सौ बार बोलने, दशांश हवन करने व आठ वर्ष से छोटी कन्याओं का भोजन करवाने से यह चौपाई सिद्ध हो जाएगी । संकट के लिए जब भी आप इस चौपाई को मन-ही-मन बोलकर प्रयोग करोगे, हाथ में जल लेकर के छोड़ दोगे संकट के कटने के रास्ते मिलेंगे, संकट काटने वाले लोग मिलने लगेंगे ।

रक्षा के लिए चौपाई →

घर के दरवाज़े पर, फ़ैक्ट्री के दरवाज़े पर, बिज़नेस के दरवाज़े पर, ऑफ़िस

के दरवाज़े पर अगर आपको रक्षक कुछ रखना है तो नरसिंह भगवान् की मूर्ति लकड़ी की बनवाएं। और इस चौपाई को आप दस हज़ार बार पाठ कर सिद्ध कर लें नरसिंह भगवान् की मूर्ति रखकर उनका पूजन करें। उस चौपाई को तुम दस हज़ार बार बोलो। क्योंकि हनुमान जी के पंचमुखों में एक मुख नरसिंह का भी है –

राम दुआरे तुम रखवारे। होत न आज्ञा बिनु पैसारे॥

ह. चा.: २१

इस चौपाई को दस हज़ार बार बोल कर, दशांश हवन करके, हवन की बची भस्म को कपड़े में लपेटकर दरवाज़े पर टाँग दें और नरसिंह भगवान् की मूर्ति को लगा दें। आप के दरवाज़े पर, फ़ैक्ट्री पर, ऑफ़िस के दरवाज़े पर बाल बांका नहीं होगा। कोई भी शक्ति आएगी तो पूछकर के आएगी बिना अनुमति के प्रवेश नहीं कर सकती है, ऐसा सिद्ध प्रयोग है ये।

साधना की सिद्धि के लिए चौपाई →

यदि आप साधक हो, साधना कर रहे हो, किसी भी इष्ट की, देवी की, काली की, दुर्गा की, माता की या कृष्ण भगवान् की, राम भगवान् की, जिन की भी साधना कर रहे हो और यदि वो सिद्ध नहीं हो पा रही हो। आपके देवता काम न कर रहे हों, कुलदेवता काम न कर रहे हों। किसी ने कुल देवता बाँध दिए हों, किसी ने पितरों को बाँध दिया हो, किसी ने परिवार के देवताओं को बाँध दिया हो, किसी ने आपकी शक्तियों को बाँध दिया हो; आप को चिंता नहीं करनी है। तुम्हारे कुलदेवता या इष्ट के जो मंत्र, पूजा या उपाए तुम्हारे पास हों, उनकी साधना आरंभ कर दो। वो करते हुए इस चौपाई को दस हज़ार बार पाठ करके यानि सिद्ध करके साथ में प्रयोग में लगा दो –

अष्ट सिद्धि नव निधि के दाता । अस बर दीन जानकी माता ।।

ह. चा.: ३१

आपका कुल का देवता सामने खड़ा हो जाएगा, सिद्धि सिद्ध हो जाएगी ।

इन प्रयोगों को सावधानीपूर्वक करना है । साधकों को अपनी भावना, अपनी श्रद्धा के आधार पर इनके फल प्राप्त होते हैं ।'यथा श्रद्धा तथा फल ।'यह लेखक के जीवन का निज अनुभव है । इसे गोपनीय ही रखें ।

अध्याय - १४

असाध्य रोगों से मुक्ति हेतु श्री हनुमंत उपासना

संकर सुवन केसरीनंदन। तेज प्रताप महा जग बंदन॥

ह.चा.: ६

श्री हनुमान जी महाराज शिवजी का ही अवतार हैं। बहुत से विद्वान् कहते हैं कि हनुमान जी ग्यारहवें रुद्र अवतार हैं। परन्तु परम पूज्य जगद्गुरु श्री रामभद्राचार्य जी कहते हैं, ग्यारहवें नहीं ग्यारहों रुद्रों के अवतार हैं श्री हनुमान जी। रुद्र का अर्थ - रु यानि होता है चिंता, द्र का अर्थ होता है दमन; जो चिंताओं का हमेशा के लिए दमन कर दे उन्हीं का नाम रुद्र होता है। असाध्य रोगों से मुक्ति हेतु हनुमान जी की उपासना की जाती है। किसी भी रोग से ग्रसित व्यक्ति के लिए १०८ बार इस चौपाई का पाठ करें –

नासै रोग हरै सब पीरा। जपत निरंतर हनुमत बीरा॥

ह.चा.: २५

घर में कोई बीमार रोगी गंभीर हालत में दवा कम नहीं कर रही हो तो शनिवार के दिन पीपल के वृक्ष के नीचे पूर्व दिशा में मुख करके सरसों के तेल का दीपक प्रज्ज्वलित करके कटोरी में गङ्गाजल रख के श्री हनुमान चालीसा की इस चौपाई का १०८ बार पाठ करें -

संकट कटै मिटै सब पीरा। जो सुमिरै हनुमत बलबीरा॥

ह.चा.: ३६

जो भी भक्त इसप्रकार पाठ करके गङ्गाजल में फूंक मार कर रोगी को ग्यारह दिन तक पिलाता है तो रोगी की दवा फलीभूत होने लगती है व रोग ठीक हो जाता है। ध्यान दें कि दवा और दुआ दोनों मिलकर काम करते हैं। दवा देना अत्यंत आवश्यक है।

अध्याय - १५

भारत एवं अन्य जगहों के प्रसिद्ध २१ हनुमत् मंदिर

भारत के प्रसिद्ध हनुमान मंदिर →

वैसे तो भारत में अनेकों हनुमान मंदिर हैं, पूरे विश्व में हनुमान जी के अनेक तीर्थस्थल हैं, प्राचीन, अतिप्राचीन, वर्तमान में बहुप्रसिद्ध हैं। लेकिन उसमें से इस पुस्तक में भारत और नेपाल के मात्र इक्कीस प्राचीन प्रसिद्ध हनुमान मंदिरों का उल्लेख किया गया है। भारत के प्रसिद्ध हनुमान मंदिरों में से पहला हनुमान मंदिर –

१. हनुमान गढ़ी मंदिर, अयोध्या; उत्तर प्रदेश →

सरयू नदी के तट पर पवित्र नगरी अयोध्या भगवान् श्रीराम की जन्मस्थली है। हनुमान गढ़ी मंदिर राजद्वार के सामने ऊंचे टीले पर बना है, इस मंदिर तक पहुंचने के लिए भक्तों को ७६ सीढ़ियां चढ़नी पड़ती हैं। मंदिर के चारों ओर साधु-संत रहते हैं। हनुमान गढ़ी के दक्षिण में सुग्रीव टीला व अंगद टीला नामक जगहें हैं। पवनपुत्र हनुमान यहाँ रहते हुए कोतवाल के रूप में अयोध्या की रक्षा करते हैं। मंदिर की स्थापना ३०० साल पहले स्वामी अभयारामदासजी ने की थी। मान्यता है कि जो कोई भी भक्त यहां लाल सिंदूर का चोला चढ़ाता है तो उसे सभी दोषों, पापों और कष्टों से मुक्ति मिल जाती है।

२. सालासर बालाजी, राजस्थान →

हनुमान जी की दाड़ी व मूंछ वाली यह प्रतिमा राजस्थान के चूरू ज़िले में सुजानगढ़ के सालासर गांव में है। इस मंदिर के संस्थापक, बालाजी के परम

भक्त श्री मोहनदास जी को हल चलाते समय इस प्रतिमा के प्रथम दर्शन हुए थे। कहते हैं कि श्री बालाजी एवं मोहनदास जी आपस में वार्तालाप करते थे। मोहनदास जी ने 'सीताराम हनुमान, सीताराम हनुमान' मन्त्र का जप करके श्री हनुमान जी को अपने वश में कर लिया था।

३. हनुमान धारा, चित्रकूट; उत्तर प्रदेश →

उत्तर प्रदेश के बांदा ज़िले तथा मध्यप्रदेश के सतना ज़िले की सीमा पर सीतापुर नामक स्थान के समीप पर्वतमाला के मध्यभाग में चित्रकूट हनुमान धारा मंदिर स्थित है। पहाड़ के सहारे हनुमान जी की एक विशाल मूर्ति के ठीक सिर पर जल के दो कुंड हैं, जो हमेशा जल से भरे रहते हैं और उनमें से जल की धारा निरंतर हनुमान जी को स्पर्श करती हुई बहती रहती है। इसीलिए इसे हनुमान धारा कहते हैं। कथा है, श्री राम जी के अयोध्या में राज्याभिषेक होने के बाद एक दिन हनुमान जी ने भगवान् श्रीरामचंद्र से कहा, "हे प्रभु! लंका को जलाने के बाद तीव्र अग्नि से उत्पन्न गरमी मुझे बहुत कष्ट दे रही है। मुझे कोई ऐसा उपाय बताएं, जिससे मैं इससे मुक्ति पा सकूं।" तब भगवान् श्रीराम ने हनुमान जी को यह स्थान बताया – "आप चित्रकूट पर्वत पर जाइये। वहां आपके शरीर पर अमृत तुल्य शीतल जलधारा के लगातार गिरने से आपको इस कष्ट से मुक्ति मिल जाएगी।"

४. वाराणसी के संकट-मोचन हनुमान; उत्तर प्रदेश →

यह मंदिर उत्तर प्रदेश के वाराणसी नगर में है। मंदिर के प्रांगण में भगवान् हनुमान की दिव्य प्रतिमा है। ऐसी मान्यता है कि हनुमान जी की यह मूर्ति गोस्वामी तुलसीदासजी के तप एवं पुण्य से प्रकट हुई स्वयंभू मूर्ति है। इसके बाद तुलसीदास ने संकट मोचन हनुमान मंदिर स्थापित किया। वर्तमान दृश्य मंदिर की स्थापना पंडित मदन मोहन मालवीय ने सन् १९०० में कराई।

५. बागेश्वर धाम बालाजी हनुमान मंदिर, छतरपुर, मध्यप्रदेश →

यह चंदेलकालीन दिव्य-स्थल मध्यप्रदेश में खजुराहो के निकट, छतरपुर ज़िले के एक छोटे से ग्राम गढ़ा में स्थित है। यहां के संत श्री संन्यासी बाबा के तपोबल के प्रभाव से ३२५ वर्ष पूर्व श्री बागेश्वर बालाजी यहां प्रकट हुए थे। यहां श्रीप्रेतराज सरकार का बड़ा अद्भुत बाधाहरण वृक्ष है। श्री संन्यासी बाबा ने अपनी समस्त शक्तियाँ अर्जित करके इसी वृक्ष में प्रवेश करा दी थीं। इस वृक्ष की ऐसी महिमा है कि इसको स्पर्श करते ही समस्त नकरात्मक ऊर्जा खिंच जाती है और ग्रसित व्यक्ति इक्कीस पेशी में ठीक हो जाता है। अर्जी बांधने के बाद श्री बागेश्वर धाम के नियमों का पालन करते हुए मंगलवार अथवा शनिवार की इक्कीस पेशी व परिक्रमा करने पर अर्जी स्वीकार हो जाती है, काम सफल हो जाता है। यहां माता अन्नपूर्णा की स्थापना है, जहां नित्य-प्रतिदिन भंडारा चलता रहता है।

६. भेट-द्वारिका के मकरध्वज हनुमान, गुजरात →

द्वारका से चार मील की दूरी पर हनुमान जी अपने पुत्र मकरध्वज के साथ विराजमान हैं। मकरध्वज का जन्म हनुमान जी के पसीने द्वारा एक मछली से हुआ था। कहा जाता है कि यहां दर्शन करने से पिता और पुत्र के बीच चल रहे सभी विवाद ख़त्म हो जाते हैं। कहते हैं कि पहले मकरध्वज की मूर्ति छोटी थी परंतु अब दोनों मूर्तियां एक-सी ऊंची हो गई हैं।

७. मेंहदीपुर बालाजी, राजस्थान →

राजस्थान के दौसा ज़िले के पास दो पहाड़ियों के बीच मेंहदीपुर बसा हुआ है। यह मंदिर जयपुर-बांदीकुई बस मार्ग पर जयपुर से लगभग ६५ किलोमीटर दूर है। यह मंदिर करीब एक हज़ार साल पुराना है। यहां चट्टान में हनुमान

जी की आकृति स्वयं उभर आई थी। इसे ही श्री हनुमान जी का स्वरूप माना जाता है। बालाजी का यह मंदिर भूतप्रेतादि ऊपरी बाधाओं के निवारण के लिये विश्वभर में विख्यात है, मान्यता है कि तंत्र-मंत्रादि ऊपरी शक्तियों से ग्रसित व्यक्ति बालाजी महाराज की कृपा से स्वस्थ हो जाते हैं।

८. दिल्ली के मरघट वाले हनुमान जी →

पुरानी दिल्ली के यमुना बाज़ार स्थित मरघट वाले बाबा का चमत्कारी हनुमान मंदिर है। इस मंदिर में भगवान् हनुमान की मूर्ति ज़मीन के अन्दर लगभग ७-८ फीट नीचे है। पहले यह मंदिर यमुना नदी के किनारे पर स्थित था। धीरे-धीरे यमुना नदी का पानी कम होता चला गया और यमुना नदी मंदिर से दूर हो गयी। हालांकि, हर साल यमुना नदी का जल स्तर बढ़कर मंदिर तक आता है। यहां के साधुओं का कहना है कि जब यमुना जी का हनुमान जी के दर्शन करने का मन होता है तो वह विशाल रूप लेकर इस मंदिर में आ जाती हैं।

९. डुल्या मारुति हनुमान, पुणे, महाराष्ट्र →

पूना (पुणे) के गणेशपेठ में बना श्रीडुल्या मारुति का मंदिर संभवत: ३५० वर्ष पुराना है। मंदिर की विशेषता है कि संपूर्ण मंदिर पत्थर का बना हुआ है। और डुल्या मारुति की मूर्ति एक काले पत्थर से निर्मित है। इस मूर्ति की स्थापना श्रीसमर्थ रामदास स्वामी ने की थी। उन्होंने यहां रामभक्ति के साथ-साथ हनुमान भक्ति का भी प्रचार किया। इसके साथ ही यहां अखाड़े बनवाए जिसने महाराष्ट्र के सैनिकीकरण की नींव रखी, जिसने प्राचीन समय में राज्य स्थापना को बदल के रख दिया।

१०. पांडूपोल हनुमान, अलवर, राजस्थान →

अलवर के सरिस्का में स्थित पांडुपोल हनुमान मंदिर का इतिहास महाभारत काल से है। भारत का ऐसा मंदिर है जहां पर हनुमान जी की लेटी हुई प्रतिमा विराजमान है जहां बजरंग बली ने भीम को दर्शन दिए थे।

किंवदंती है कि यहीं पांडूपोल में हनुमान जी ने भीम का घंमड तोड़ा था। महाभारत काल की एक घटना के अनुसार इसी अवधि में द्रौपदी अपनी नियमित दिनचर्या के अनुसार इसी घाटी के नीचे की ओर नाले के जलाशय पर स्नान करने गई थी। एक दिन स्नान करते समय नाले में ऊपर से जल में बहता हुआ एक सुन्दर पुष्प आया द्रोपदी ने उस पुष्प को प्राप्त कर बड़ी प्रसन्नता व्यक्त करते हुए उसे अपने कानों के कुण्डलों में धारण करने की सोची। स्नान के बाद द्रोपदी ने महाबली भीम को वह पुष्प लाने को कहा तो महाबली भीम पुष्प की खोज करता हुआ जलधारा की ओर बढने लगा। आगे जाने पर महाबली भीम ने देखा की एक वृद्ध विशाल वानर अपनी पूँछ फैलाए आराम से लेटा हुआ था। वानर के लेटने से रास्ता पूर्णतया अवरुद्ध था। यहां सँकरी घाटी होने के कारण भीमसेन के आगे निकलने के लिए कोई और मार्ग नहीं था। भीमसेन ने मार्ग में लेटे हुए वृद्ध वानर से कहा कि तुम अपनी पूँछ को रास्ते से हटाकर एक ओर कर लो तो वानर ने कहां कि मैं वृद्ध अवस्था में हूं। आप इसके ऊपर से चले जाएं, भीम ने कहा कि मैं इसे लांघकर नहीं जा सकता, आप पूँछ हटाएं। इस पर वानर ने कहा कि आप बलशाली दिखते हैं, आप स्वयं ही मेरी पूँछ को हटा लें। भीमसेन ने वानर की पूँछ हटाने की कोशिश की तो भीमसेन से पूँछ टस-से-मस भी ना हो सकी। भीमसेन के बार-बार कोशिश करने पर भी वे वृद्ध वानर की पूँछ को नहीं हटा पाए और समझ गए कि यह कोई साधारण वानर नहीं है।

भीमसेन ने हाथ जोड़ कर वृद्ध वानर को अपने वास्तविक रूप प्रकट करने की विनती की। इस पर वृद्ध वानर ने अपना वास्तविक रूप प्रकट कर अपना परिचय हनुमान के रूप में दिया। भीमसेन ने सभी पांडवों को वहां बुला कर वृद्ध वानर की लेटे हुए रूप में ही पूजा अर्चना की। इसके बाद पांडवों ने वहां हनुमान मंदिर की स्थापना की जो आज पांडुपोल हनुमान मंदिर नाम से प्रसिद्ध है।

११. गिरिजावन्द हनुमान, बिलासपुर के पास, छत्तीसगढ़ →

पवन पुत्र व राम भक्त हनुमान को 'बाल-ब्रह्मचारी' भी कहा जाता है जिस कारण स्त्रियों को उनकी किसी भी मूर्ति को छूना वर्जित है। वे देवता रूप में विभिन्न मंदिरों में पूजे जाते हैं लेकिन एक ऐसा मंदिर भी है जहां पर हनुमान जी को स्त्री के रूप में पूजा जाता है। यह प्राचीन मंदिर बिलासपुर के पास है, इसे 'महामाया नगरी' भी कहते हैं। ऐसी मान्यता है कि यह लगभग दस हजार वर्ष पुराना है।

कहते हैं रतनपुर के राजा पृथ्वी देवजू ने इस मंदिर का निर्माण करवाया था। उन्हें कोढ़ का रोग हो गया था। सपने में देखा हनुमान जी ने देवी भेष में दर्शन दिये। उनकी आज्ञा से राजा को कुण्ड में मूर्ति मिली राजा ने मूर्ति को मंदिर में लाकर प्रतिष्ठित कर गिरजाबन्ध में मंदिर बनवाया।

१२. महावीर हनुमान मंदिर, पटना, बिहार →

पटना रेलवे स्टेशन के सामने कभी एक जीर्ण-शीर्ण रामभक्त महावीर हनुमान का मंदिर होता था, जो उत्तर भारत में बहुत ही प्रसिद्ध है। इसका ज्ञात इतिहास लगभग ढाई-तीन सौ साल पुराना है, वस्तुत: यह कितना प्राचीन है, कोई नहीं जानता।

१३. श्री पंचमुख आँजनेयर हनुमान, तमिलनाडु →

श्रीराम-रावण युद्ध के बीच एक समय ऐसा आया जब रावण को अपनी सहायता के लिए अपने भाई अहिरावण का स्मरण करना पड़ा। वह तंत्र-मंत्र का प्रकांड पंडित एवं माँ भवानी का अनन्य भक्त था। अपने भाई रावण के संकट को दूर करने का उसने श्रीराम एवं लक्ष्मण का ही अपहरण कर लिया। विभीषण ने यह रहस्य खोला कि ऐसा दु:साहस केवल अहिरावण ही कर सकता है तो हनुमान जी तत्काल पाताल लोक पहुंचे। द्वार पर रक्षक के रूप में मकरध्वज से युद्ध कर और उसे हराकर जब वह पातालपुरी के महल में पहुंचे जहां श्रीराम एवं लक्ष्मण जी की बलि देने की पूरी तैयारी थी। वहां भिन्न-भिन्न दिशाओं में पाँच दीपक जल रहे । अहिरावण का अंत करना है तो इन पाँच दीपकों को एक साथ एक ही समय में बुझाना होगा। मकरध्वज से यह रहस्य ज्ञात होते ही हनुमान जी ने पंचमुखी हनुमान का रूप धारण किया –

१ उत्तर दिशा में वराह मुख,

२ दक्षिण दिशा में नरसिंह मुख,

३ पश्चिम में गरुड़ मुख,

४ आकाश की ओर हयग्रीव मुख एवं

५ पूर्व दिशा में हनुमान मुख।

इन पाँच मुखों को धारण कर उन्होंने एक साथ सारे दीपकों को बुझाकर अहिरावण का अंत किया और श्रीराम-लक्ष्मण को मुक्त किया।

१४. वीर मारुति बेड़ाबेड़ी हनुमान, जगन्नाथ मंदिर, उड़ीसा →

पुरी के इस मंदिर में बजरंगबली की मूर्ति बेड़ी अर्थात ज़ंजीर से बंधी रहती

है। इसलिए मंदिर को 'बेड़ी हनुमान मंदिर' के नाम से जाना जाता है। जगन्नाथ मंदिर के पश्चिम में समुद्र तट पर मंदिर होने से ही इसका नाम 'दरिया महावीर मंदिर' भी है।

प्राचीन धार्मिक ग्रंथों के अनुसार भगवान् श्रीकृष्ण के आदेश पर पुरी में विशाल जगन्नाथ मंदिर का निर्माण हुआ। मंदिर को समुद्र के प्रकोप से बचाने के लिए समुद्र तट पर हनुमान जी को सुरक्षा में तैनात किया गया। लेकिन भक्त हनुमान को जब प्रभु दर्शन की इच्छा होती तो वो पहरा छोड़कर नगर में चले जाते थे और अच्छा मौका पाकर उनके पीछे-पीछे समुद्र भी नगर में आ जाता था। इस कारण जगन्नाथ मंदिर को कई बार नुकसान हुआ। हनुमान जी को बार-बार नगर में आकर दर्शन करने से रोकने के लिए भगवान् जगन्नाथ को कोई उपाय नहीं सूझ रहा था। इस पर भगवान् जगन्नाथ ने हनुमान जी को वहीं समुंद्र तट पर बेड़ियों से बांध दिया और कहा कि अब से तुम यहीं रहकर मेरे मंदिर की सुरक्षा करोगे। तब से भगवान् हनुमान मंदिर में बेड़ियों में बंधे हुए है। मान्यता है कि इससे नगर में समुद्र की लहरों का आना भी बंद हो गया और मंदिर भी सुरक्षित हो गया।

१५. चूँगाजान हनुमान, असम →

असम के चूँगाजान हनुमान प्रसिद्ध हनुमत सेवक शङ्कर व्यास त्यागी की उपासना स्थली के रूप में प्रसिद्ध हनुमान मंदिर है। यहाँ भक्तों को अपार शांति की अनुभूति होती है।

१६. वीर बजरंग हनुमान, कोलकाता →

कोलकाता में वीर बजरंग बली हनुमान जी का मंदिर बंगाल में हनुमान जी के भक्तों की आस्था का केन्द्र है।

१७.कैथल के हनुमान, हरियाणा →

मान्यता है कि यहां माता अंजनी का निवास था और हनुमान जी का जन्म यहीं हुआ था। इस कारण इस मंदिर को 'माता अंजनी का टीला' नाम से भी जाना जाता है। हनुमान जी की माता अंजनी को समर्पित इस टीले कैथल को हनुमान जी का जन्मस्थान माना जाता है। कैथल का नाम पहले कपिस्थल था जिसका अर्थ है 'कपि का निवास'। इसी मंदिर और टीले के कारण इस ज़िले का नाम कैथल पड़ा था।

१८. हनुमान ढोका, काठमांडू नेपाल के हनुमान →

काठमांडू का शाही महल, जिसे 'हनुमान ढोका' के नाम से जाना जाता है, मूल रूप से लिच्छवी काल (४ थी से ८वीं शताब्दी ई.) के दौरान स्थापित किया गया था, १७वीं शताब्दी में राजा प्रताप मल्ला ने इस परिसर का विस्तार किया। दुःख की बात है कि २०१५ के भूकंप में इसे बहुत नुकसान हुआ। 'हनुमान ढोका' नाम हनुमान, बंदर देवता की मूर्ति से उत्पन्न हुआ है, जिसे महल के प्रवेश द्वार पर रखा गया है, 'ढोका' का नेपाली में अर्थ है - द्वार। यहां हनुमान जी लाल वस्त्र पहने हुए द्वार के रक्षक के रूप में ३०० वर्षों से एक राजसी छत्र के नीचे खड़े हैं। उनके चेहरे पर सिंदूर और सरसों का तेल लगा हुआ है।

१९. यंत्रोद्धारक हनुमान मंदिर, हंपी, कर्नाटक →

हंपी, कर्नाटक बेल्लारी ज़िले के हंपी नगर में एक हनुमान मंदिर है। इन्हें 'यंत्रोद्धारक हनुमान' कहा जाता है। यही क्षेत्र प्राचीन 'किष्किंधा नगरी' है। यहीं किसी समय वानरों का विशाल साम्राज्य स्थापित था। आज भी यहां अनेक गुफाएं हैं, पास ही तुंगभ्रदा नदी बहती है। यहां ब्रह्माजी का बनाया हुआ पम्पा सरोवर, हनुमान जी की जन्मस्थली आंजनाद्रि पर्वत, बाली की

गुफा और ऋषम्यूक पर्वत है, जिसे घेरकर तुंगभद्रा नदी बहती है। नदी के दूसरी ओर हंपी १६वीं शती ई. के ऐश्वर्यशाली नगर विजयनगर के विस्तृत खण्डहर स्थित हैं।

२०. लेटे हुए हनुमान मंदिर, प्रयागराज, (उत्तर प्रदेश) →

आम तौर पर मंदिरों मे प्रतिमाएँ सीधी खड़ी अथवा बैठी हुई होती हैं, परन्तु एक मंदिर है जहां लेटे हुए बजरंग बली की पूजा होती है। प्रयागराज, उत्तर प्रदेश में गङ्गा नदी के किनारे सामान्य धरातल से लगभग ८-१० फीट नीचे पर लेटे हुए भगवान् हनुमान की २० फीट लम्बी प्रतिमा वाला प्राचीन मंदिर है। जब बरसातों में बाढ़ आती है तो मंदिर जलमग्न हो जाता है, तब मूर्ति को कहीं ओर ले जाकर सुरक्षित रखा जाता है। जनश्रुति के अनुसार हनुमान जी के पैर के नीचे देवी कामदा और अहिरावण दबा हुआ है। मन्दिर की देखभाल बाघम्बरी गद्दी मठ द्वारा किया जाता है। हनुमान जी के इस स्थान को 'प्रयाग का कोतवाल' व 'बंधवा के बड़े हनुमान जी' भी कहा जाता है।

२१. जामसावली हनुमान मंदिर, छिंदवाड़ा, मध्यप्रदेश →

मध्यप्रदेश के छिंदवाड़ा जिले के सौसर तहसील में स्थित जामसवाली हनुमान मंदिर में पीपल के वृक्ष के पास विराजित प्रतिमा कहां से आई, कैसे आई इसका कोई रिकॉर्ड मौजूद नहीं; पर किंवदंती के अनुसार जब त्रेता युग में भगवान् राम के अनुज भ्राता लक्ष्मण मेघनाद के शक्ति बाण से मूर्छित हो गये तब उनके उपचार के लिए संजीवनी बूटी लेने हनुमान जी ने यहीं पीपल के वृक्ष के नीचे विश्राम किया था। भूत-प्रेत बाधा, चर्म रोग के इलाज के लिए देशभर से श्रद्धालु आते है।

प्रिय साधकों! यह इक्कीस हनुमान जी हैं।

अध्याय - १६

द्वादशाक्षरी हनुमान-यंत्र (गारुडी तंत्रानुसार)

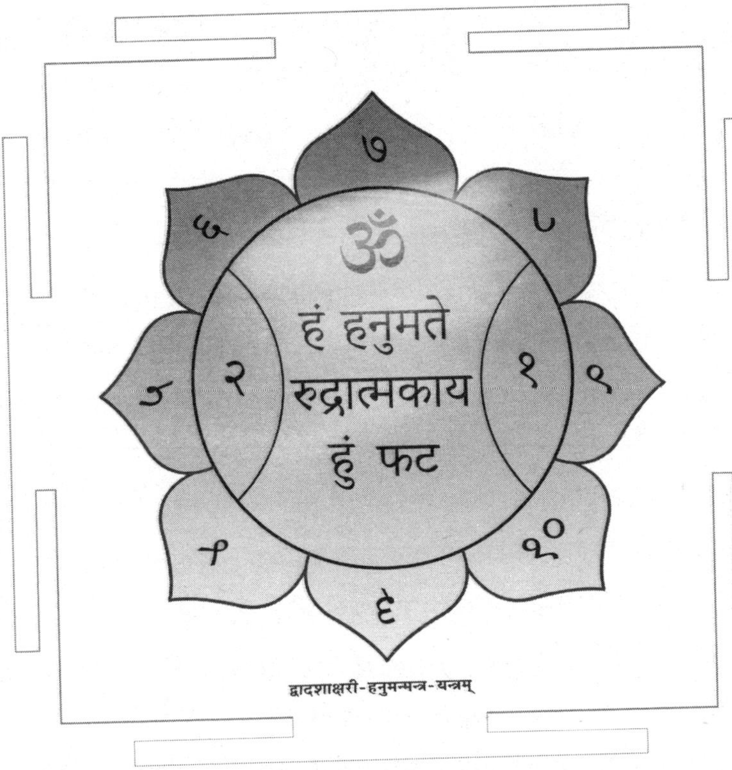

चित्रः द्वादशाक्षरी हनुमन्मन्त्र यंत्रम्।

ॐ

हं हनुमते रुद्रात्मकाय हुं फट्।

यह बड़ा ही शक्तिशाली मंत्र है। द्वादशाक्षरी हनुमान यंत्र किसी स्वर्णकार से अष्टधातु अथवा ताम्बे में बनवाएं। इसकी व्यवस्था न होने पर भोज पत्र

पर, कनेर अथवा लाल चंदन की लकड़ी की कलम बनाकर, लाल चंदन घोलकर भोज पत्र पर इस यत्रम् को बनाएं।

इसकी पूजा शनिवार से प्रारंभ करनी है। गारूड़ी तंत्रानुसार जगत्-जननी पार्वती के प्रश्न करने पर भगवान् शङ्कर ने इस द्वादशाक्षर मंत्र का विधान बताया था। इसको सिद्ध करने के लिए चाहे यंत्र हो अथवा भोजपत्र पर हो, नदी के किनारे, किसी एकांत जगह पर, पर्वत पर अथवा सामान्य भूमि पर शुद्ध स्नान आदि करके हनुमान जी की प्रियता के लिए प्रणाम करके पूजन की सामग्री रख लें - तिलक, चन्दन, चावल, पुष्पमाला, आसन और जल का लोटा आदि। इस द्वादशाक्षरी हनुमान मंत्र का एक लाख जप करें, पच्चीस हज़ार इसका पुरश्चरण करें, अपराध बोध के लिए क्षमायाचना। यानी सवा लाख जप करें फिर इसको अंगुष्ठ आदि हृदयन्यास आदि करके सवा लाख जप करने के बाद में साधक को यह यत्रम् अपने घर में रख देना चाहिए। यदि किसी ने भोजपत्र में सिद्ध किया है तो भोजपत्र को मोड़कर तावीज़ बनाकरके गले में धारण कर लेना चाहिए। ऐसा करने से निश्चित रूप से साधक की सभी मनोकामनाएं पूर्ण होती हैं और साधक हर प्रकार से बलवान होता है। ध्यान रहे साधक को इस द्वादशाक्षरी मंत्र को इस यंत्र को सिद्ध करने के लिए एकान्त में रात्रि के चतुर्थ प्रहर का प्रयोग करना चाहिए। जो अनुष्ठान के नियम बताए गए हैं, जैसे स्वपोषी रहना आदि उन नियमों का पालन करना चाहिए। यह एक अनुभूत प्रयोग है। ऐसा संतों का अनुभव है।

सावधानियां →

ब्रह्मचर्य का पालन करें – मनसा, वाचा, कर्मेद्रियैः। जहाँ साधना करें वहीं लेटें। स्वपाकी रहें, अर्थात्, अपने हाथ से भोजन आदि बनाकरके पावें। एवं

नाखून, बाल आदि न काटें, तेल, साबुन आदि का प्रयोग न करें, लाल वस्त्र पहनें। गीले वस्त्र पहन करके जाप करेंगे तो अधिक फलीभूत होगा। दीपक प्रज्वलित करें। सवा लाख जप शनिवार से प्रारंभ करना है, जो रात्रिकाल के चौथे प्रहर में करना है। स्वभोजन करना है, दिन में नाम जप करना है, और दिन में रामनाम जप करते रहना चाहिए। रात्रिकाल में इस मंत्र का जप करना चाहिए। कम-से-कम इक्कीस दिन, अठारह दिन, इकतालीस दिन या इक्यासी दिन के अंदर इस जप को पूर्ण कर लेना चाहिए। दशांश हवन कर लेना चाहिए। ब्राह्मणों को या छोटी बेटियों, कन्याओं को भोज करवा देना चाहिए। भोजपत्र यंत्रम् के साथ-साथ भी भोजपत्र में लिखकर रखें तो दो सिद्ध कर सकते हैं। एक घर पर स्थापित करें एक गले में धारण करें लें। इससे निश्चित रूप से अनुभव भी होगा और बालाजी की कृपा भी प्राप्त होगी।

अध्याय - १७

हनुमान जी को चोला (सिंदूर) कैसे चढ़ाएं ?

प्रिय साधकों ! बहुत से लोग प्रश्न करते रहते हैं कि हनुमान जी को चोला कैसे चढ़ायें ? महत्त्वपूर्ण बात ये है कि प्राणप्रतिष्ठित मूर्ति को चोला चढ़ाने के लिए शास्त्रोक्त अधिकारिक, वेदोक्त अधिकारिक एवं विधिपूर्वक अधिकारिक गुरु परंपरा का व्यक्ति ही होना चाहिए। परन्तु, घर के सेव्य हनुमान मंदिर में यदि आप सिंदूर चढ़ाते हैं और वहाँ विग्रह को चोला चढ़ाने के लिए कोई अधिकारिक व्यक्ति मौजूद न हो तो ऐसी परिस्थिति में आप चोला चढ़ा सकते हैं।

अधिकारिक व्यक्ति कौन है ? जिसका यज्ञोपवीत संस्कार हुआ हो, जिसने गुरु परम्परा से शास्त्रोक्त विधि से चोला चढ़ाने की गुरु-आज्ञा ले रखी हो वह व्यक्ति चोला चढ़ाने के लिए अधिकारिक व्यक्ति है। अपने सेवा के, घर के अथवा जहाँ पर कोई अधिकारिक व्यक्ति नहीं है या गुरू परंपरा का कोई नहीं है, वहाँ पर यदि आप चोला चढ़ाना चाहते हैं, तो साधक ध्यान दें शनिवार अथवा मंगलवार को चोला चढ़ाना चाहिए। शनिवार अथवा मंगलवार को प्रातः काल ब्रह्ममुहूर्त[2] में स्नान करें। ध्यान दें लगभग साढ़े तीन बजे से पाँच बजे के मध्य ब्रह्ममुहूर्त होता है। स्नान करने के बाद में शुद्ध जल लें, स्वच्छ लाल वस्त्र पहनें; कमर के ऊपर यदि संभव हो तो वस्त्र ना पहनें केवल एक वस्त्र ऊपर से ओढ़ लें, लपेट लें। और कमर के नीचे के वस्त्र में गमछा अथवा धोती पहनें। सिला हुआ वस्त्र न पहनें -

---

2 **ब्रह्ममुहूर्तः** एक मुहूर्त ४८ मिनट का होता है। ब्रह्ममुहूर्त भी ४८ मिनिट का होता है। जो सूर्योदय से दो मुहूर्त यानि ४८+४८ = ९६ मिनट यानि एक घंटा और ३६ मिनट पहले आरंभ होता है और सूर्योदय से ४८ मिनट पहले समाप्त होता है। उदाहरण का लिए, यदि सूर्योदय सुबह ०६:०० बजे है, तो ब्रह्ममुहूर्त सुबह ०४:२४ बजे आरंभ होगा और सुबह ०५:१२ बजे समाप्त होगा।

१. वस्त्र पहनने के बाद में आप विग्रह के सामने जावें,

२. सबसे पहले दीप प्रज्जवलन करें,

३. साफ़-सफ़ाई करें,

४. धूप जलावें इसके बाद में प्रार्थना करें प्रणाम करें, आज्ञा लें कि हम चोला चढ़ाएँगे,

५. आज्ञा लेने व दीप प्रज्ज्वलन करने के बाद में सबसे पहले हनुमान जी को स्नान करवाएं,

६. पुराने वस्त्र अथवा पुराने चढ़े हुए फूल-पुष्पों की सफ़ाई कर दें,

७. सबसे पहले जल चढ़ावें,

८. जल चढ़ाने के बाद दुग्ध से स्नान करवावें,

९. दुग्ध से स्नान करवाने के बाद हल्का सा पोंछें,

१०. इसके बाद चमेली के तेल में अथवा शुद्ध गाय के मक्खन में सिंदूर को मिलावें,

११. मिलाने के बाद में 'राम राम राम राम' का जप करते हुए पुनः प्रणाम करके आज्ञा लें,

१२. आज्ञा लेने के बाद में थोड़ा सा चरणों में लगावें फिर सिर से लेकर के पैर तक सिंदूर चढ़ावें,

१३. सिंदूर चढ़ाने के बाद में वस्त्र पहनावें, यज्ञोपवीत चढ़ावें,

१४. यज्ञोपवीत चढ़ाने के बाद उपवस्त्र पहनावें,

१५. उपवस्त्र पहनाने के बाद में तिलक लगावें,

१६. तिलक लगाने के बाद में इत्र लगावें,

१७. इत्र लगाने के बाद में माला पहनावें,

१८. माला पहनाने के बाद में आरती करें,

१९. आरती करने के बाद में प्रसाद चढ़ावें, इसके बाद चार बार जल चढ़ाएं,

२०. प्रसाद चढ़ाने के बाद में प्रदक्षिणा करें,

२१. 'राम राम' का जप करते हुए प्रार्थना करें,

२२. इसके बाद में राम नाम से लिखी हुई माला को चढ़ाने से सभी दोष मुक्त हो जाते हैं, चाहे वो पान पत्तों की माला हो, आर्क पत्तों की माला हो अथवा कोई भी पत्तों की माला हो। राम नाम से लिखी हुई माला चढ़ाने से सभी दोष दूर हो जाते हैं।

इस प्रकार जो भी साधक शनिवार अथवा मंगलवार को हनुमान जी को चोला चढ़ाता है उसके सभी अभीष्ट पूर्ण होते हैं, मनोरथ पूर्ण होते हैं ऐसा संतों का कहना है और उनका अनुभव है।

अध्याय - १८

क्या महिलाएँ हनुमान जी की पूजा कर सकती हैं ?

क्या स्त्रियाँ, माताएँ, बहनें हनुमान जी की पूजा कर सकती हैं ? बहुत से लोग ऐसा प्रश्न पूछते हैं। पाठकों ! यह प्रश्न बहुत पूछा जाता है। हाँ, स्त्रियां हनुमान जी की पूजा कर सकती हैं। लेकिन कुछ सावधानियां इस पुस्तक में दी गयी हैं आप उनको पढ़ लें तो हनुमान जी की पूजा कर सकती हैं। पहली बात तो ये कि स्त्रियों को हनुमान चालीसा पढ़ने में कोई दोष नहीं है। स्वयं गोस्वामी तुलसीदास जी ने हनुमान चालीसा में कहा है –

जो यह पढ़ै हनुमान चलीसा। होय सिद्धि साखी गौरीसा ॥

ह. चा.: ३९

ये नहीं कहा कि जो पुरुष पढ़े, कहा है - जो यह पढ़ै; यानि कोई भी पढ़ सकता है। माताएँ-बहनें क्या कर सकती हैं ? क्या नहीं कर सकतीं ? ये देखते हैं -

<u>हनुमान जी की पूजा में महिलाएँ क्या सेवा कर सकती हैं ? →</u>

१. भाई व पिता के रूप में बालाजी हनुमान जी की पूजा, सेवा, ध्यान स्त्रियाँ कर सकती हैं।
२. पूजा में दीपक प्रज्वलित कर सकती हैं, आरती कर सकती हैं।
३. हनुमान चालीसा का पाठ कर सकती हैं।
४. चरणों में पुष्पक चढ़ा सकती हैं।
५. चरणों में रक्षाबंधन के त्योहार पर राख़ी भी बाँध सकती हैं, चरणों में रख सकती हैं।

६. फल चढ़ा सकती हैं।
७. नारियल भी चरणों में चढ़ा सकती हैं।
८. हनुमान जी को दूर से प्रणाम भी कर सकती हैं। परंतु भाई व पिता के रूप में हनुमान जी की सेवा करनी चाहिए।
९. राम दरबार में यदि हनुमान जी हैं तो मूर्ति से अलग तो कर नहीं सकते, तो स्नान भी करवा सकती हैं, तिलक भी लगा सकती हैं, परंतु भाई व पिता के रूप में।

परन्तु, अपवित्र दिनों में इन पूजा को भी निषेध माना जाएगा, इसलिए माताएं अपने भाव में हनुमान जी की पुत्र रूप में, पिता रूप में या भाई रूप में पूजा कर सकती हैं।

हनुमान जी की पूजा में महिलाएँ क्या सेवा नहीं कर सकती हैं? →

अब स्त्रियों को हनुमान जी की पूजा में क्या नहीं करना चाहिए वो देखते हैं -

१. जो प्राण प्रतिष्ठित और सिंदूर लगी हुई मूर्ति हो उस मूर्ति को स्पर्श नहीं करना चाहिए।
२. चोला (सिंदूर) नहीं चढ़ाना चाहिए। चोला चढ़ाने की वैदिक परंपरा यज्ञोपवीतधारी को है।
३. पंचामृत से स्नान नहीं करवाना चाहिए।
४. यज्ञोपवीत नहीं पहनाना चाहिए। यज्ञोपवीत को यज्ञोपवीतधारी ही पहना सकता है।
५. बजरंग बाण का पाठ नहीं कर सकती हैं।
६. अपवित्र दिनों में हनुमान जी का जप, नामजप, ध्यान, पूजा, स्पर्श, आरती आदि नहीं करने चाहिए।

अध्याय - १९

हनुमान जी के सिद्ध कवचों की महिमा

प्रिय पाठकों! हमारे प्रिय जनों! साधकों! विविध पुस्तकों से प्राप्त एकमुखी कवच, पंचमुखी कवच, सप्तमुखी कवच, एकादशमुखी कवच को इस पुस्तक में आपको सौंप रहे हैं। एक बात सावधानीपूर्वक जान लें कि कवच को सिद्ध करने की आवश्यकता नहीं होती, कवच अपने आप में सिद्ध होते हैं। जैसे खीर है तो उस को स्वयं पकाना पड़ेगा तब खाओगे। लेकिन अगर रेस्टोरेंट में जाओगे तो आपको पकी-पकाई मिलेगी और आप उसको सीधा सा क्रय करके ले सकते हो। ऐसे ही कवच हैं, जो अपने आप में स्वयंसिद्ध हैं; इनको सिद्ध करने की आवश्यकता नहीं और इन कवच से आप कुछ भी करवा सकते हैं। कवच मूलतया रक्षा के लिए होता है जिसको रक्षाकवच कहते हैं। वैसे ही हनुमान जी के यह कवच हैं एकमुखी, पंचमुखी आदि। एकमुखी का अलग फल है, पंचमुखी का अलग है। एकमुखी कवच से सुख प्राप्त होता है, पंचमुखी कवच से दिग्बंध होता है, एकादशमुखी कवच से ग्यारहों रुद्रों की कृपा होती है। हनुमान जी की विशेष कृपा होती है।

कवच अपने आप में हनुमान जी का एक स्वसिद्ध बीज है। जो साधक प्रतिदिन एक-एक कवच का पाठ अथवा शनिवार, मंगलवार को किसी एक कवच – एकमुखी, पंचमुखी, सप्तमुखी अथवा एकादशमुखी कवच का पाठ करता है, उस साधक को जीवन में हनुमान जी की अनुभूति होती रहती है और वह साधक सदा सुरक्षित रहता है। इसलिए साधक को अपनी श्रद्धानुसार कवच को करना चाहिए।

(नोट: साधक को कलियुग में सवा लाख / एक सौ आठ बार पाठ करके सिद्ध कर लेना चाहिए।)

अध्याय - २०

श्री हनुमत्कवचम् - एकमुखी, पञ्चमुखी, सप्तमुखी, एकादशमुखीहनुमत्कवच

॥ श्रीएकमुखी हनुमत्कवचम् ॥

॥ श्रीहनुमते नमः ॥

नारद उवाच →

एकदा सुखमासीनं शङ्करं लोकशङ्करम्।
पप्रच्छ गिरिजाकान्तं कर्पूरधवलं शिवम्॥ ॥०१॥

नारद जी ने कहा →

किसी समय कपूर के समान अत्यंत शुभ्रवर्ण वाले, लोक का कल्याण करनेवाले तथा सुख से बैठे हुए अपने स्वामी भगवान् शङ्कर से पार्वती ने पूछा - ॥०1॥

पार्वत्युवाच →

भगवन्! देवदेवेश! लोकनाथ! जगत्प्रभो[3]!
शोकाकुलानां लोकानां केन रक्षा भवेद् भव[4]॥ ॥०२॥
सङ्ग्रामे सङ्कटे घोरे भूत-प्रेतादिके भये।
दुःख-दावाग्नि-सन्तप्त-चेतसां दुःखभागिनाम्॥ ॥०३॥

पार्वती ने कहा →

हे देवदेवेश! हे लोकनाथ! हे जगतप्रभो! हे भगवन्! संग्राम, घोर संकट तथा भूत-प्रेतादिकों के द्वारा उत्पन्न भय में पड़े हुए, संतप्त चित्तवाले मनुष्यों की रक्षा किस स्तोत्र से होती है? ॥०२-०३॥

---

3 'जगद्गुरो' इति पाठान्तरम्।

4 'ध्रुवम्' इति पाठान्तरम्।

ईश्वर उवाच →

श्रृणु देवि ! प्रवक्ष्यामि लोकानां हितकाम्यया ।
विभीषणाय रामेण कथितं कवचं पुरा ॥
कवचं कपिनाथस्य वायुपुत्रस्य धीमतः ।
गुह्याद्-गुह्यं प्रवक्ष्यामि विशेषात्तव सुन्दरि ! ॥

ईश्वर ने कहा →

हे देवि ! लोक कल्याण की कामना से भगवान् राम ने अत्यंत बुद्धिमान् कपिराज वायुपुत्र का जो कवच विभीषण को प्रदान किया था, तथा जो अत्यंत गोपनीय है, उस कवच को मैं तुमसे कहता हूँ, हे सुन्दरि !

विनियोगः →

ॐ अस्य श्रीहनुमत्-कवचस्तोत्रमन्त्रस्य श्रीरामचन्द्र-ऋषिः ।
श्रीमहावीरो हनुमान परमात्मा देवता । अनुष्टुप्छन्दः ।
मारुतात्मज इति बीजम् ॥
ॐ अञ्जनीसूनुरिति शक्तिः । लक्ष्मणप्राणदाता इति जीवः ।
श्रीरामभक्तितिरिति कवचम् । लङ्काप्रदाहक इति कीलकम् ।
मम सकलकार्यसिद्ध्यर्थे जपे वीनियोगः ॥

विनियोग →

साधक को चाहिये कि हाथ में जल लेकर 'ॐ अस्य श्रीहनुमत्-कवचस्तोत्रमन्त्रस्य' से लेकर 'जपे वीनियोगः ॥' तक वाक्य पढ़कर भूमि पर चल छोड़ दें ।

मन्त्रः – ॐ ऐं श्रीं ह्रां ह्रीं ह्रूं ह्रैं ह्रौं ह्रः ।

अथ करन्यासः →

ॐ ह्रां अङ्गुष्ठाभ्यां नमः । ॐ ह्रीं तर्जनीभ्यां नमः ।
ॐ ह्रूं मध्यमाभ्यां नमः । ॐ ह्रैं अनामिकाभ्यां नमः ।
ॐ ह्रौं कनिष्ठिकाभ्यां नमः । ॐ ह्रः करतलकरपृष्ठाभ्यां नमः ।

करन्यास →

'ॐ ह्रां' इस मंत्र से दोनों अँगूठे, 'ॐ ह्रीं' मंत्र से दोनों तर्जनी अँगुली, 'ॐ ह्रूं' मंत्र से दोनों मध्यमा अँगुली, 'ॐ ह्रैं' इससे दोनों अनामिका अँगुली, 'ॐ ह्रौं' मंत्र से दोनों कनिष्ठिका तथा 'ॐ ह्रः' इस मंत्र से दोनों हाथों के तलवों तथा पृष्ठभाग का स्पर्श करें।

हृदयादिन्यासः →

ॐ अञ्जनीसूनवे नमो हृदयाय नमः ।
ॐ रुद्रमूर्तये नमः शिरसे स्वाहा ।
ॐ वातात्मजाय नमः शिखायै वषट् ।
ॐ श्रीरामभक्तिरताय नमः कवचाय हुम् ।
ॐ वज्रकवचाय नमो नेत्रत्रयाय वौषट् ।
ॐ ब्रह्मास्त्रनिवारणाय नमः अस्त्राय फट् ।

हृदयादिन्यास →

'ॐ अञ्जनीसूनवे नमो, हृदयाय नमः ।' मन्त्र से हृदय, 'ॐ रुद्रमूर्तये नमः, शिरसे स्वाहा ।' इस मंत्र से शिर, 'ॐ वातात्मजाय नमः, शिखायै वषट् ।' इस मंत्र से शिखा, 'ॐ श्रीरामभक्तिरताय नमः, कवचाय हुम् ।' इस मंत्र से दोनों बाहुओं का, 'ॐ वज्रकवचाय नमो, नेत्रत्रयाय वौषट् ।' इस मंत्र से दोनों नेत्रों का स्पर्श करें तथा 'ॐ ब्रह्मास्त्रनिवारणाय नमः, अस्त्राय फट् ।' इस मंत्र से अपने चारों ओर चुटकी बजाए। तदनन्तर नीचे लिखे मन्त्र से ध्यान करें –

ध्यानम् →

ॐ ध्यायेद्-बालदिवाकर-द्युतिनिभं देवारि-दर्पापहं
देवेन्द्रप्रमुख-प्रशस्त-यशसं देदीप्यमानं रुचा ।
सुग्रीवादि-समस्त-वानरयुतं सुव्यक्त-तत्त्वप्रियं
संरक्तारुण-लोचनं पवनजं पीताम्बराऽलङ्कृतम् ॥०१ ॥

ध्यान →

उदय होते हुए बाल सूर्य के समान कान्तिवाले, राक्षसों के गर्व को दूर करनेवाले, देवताओं में प्रमुख, उत्तम कीर्तिवाले, तेज से देदीप्यमान, सुग्रीवादि वानरों से युक्त, ब्रह्मतत्त्व का साक्षात् करने वाले, रक्त एवं अरुण नेत्रवाले, पीताम्बर से अलंकृत श्री हनुमान जी का ध्यान करें । ॥०१॥

उद्यन्मार्तण्डकोटि-प्रकटरुचियुतं चारुवीरासनस्थं
मौञ्जी-यज्ञोपवीता-ऽऽभरण-रुचिशिखा-शोभितं कुण्डलाढ्यम् ।
भक्तानामिष्टदान-प्रणवमनुदिनं वेदनादप्रमोदं
ध्यायेद्देवं विधेयं प्लवगकुलपतिं गोष्पदीभूतवार्धिम् ॥०२ ॥

उदय होते हुए करोड़ों सूर्यों के समान कान्तिवाले, वीरासन में विराजमान, मौञ्जी तथा यज्ञोपवीतरूप आभरण को अत्यंत स्नेह से धारण करनेवाले तथा कुण्डलों से सुशोभित एवं प्रतिदिन भक्तों को अभीष्ट प्रदान करने में निपुण, वेदों के शब्द से अपार हर्षवाले, वानरों के अधिपति तथा समुद्र को गोपद के सामान अनायास उल्लंघन करने वाले ऐसे हनुमान जी का ध्यान करें । ॥०२॥

मनोजवं मारुततुल्यवेगं जितेन्द्रियं बुद्धिमतां वरिष्ठम्।
वातात्मजं वानरयूथमुख्यं श्रीरामदूतं शरणं प्रपद्ये ॥०३ ॥

मन एवं पवन के समान अतिशीघ्रगामी, जितेन्द्रिय, बुद्धिमानों में श्रेष्ठ तथा वानरों के मुख्य सेनापति, वायुपुत्र, रामदूत श्री हनुमान जी के मैं शरणागत हूँ। ॥०३॥

वज्राङ्गं पिङ्गकेशाढ्यं स्वर्णकुण्डल-मण्डितम्।
उद्यद्दक्षिण-दोर्दण्डं हनुमन्तं विचिन्तये ॥०४ ॥

जिनका शरीर वज्र के समान कठोर है, केश पीले हैं, जो स्वर्ण कुण्डल से सुशोभित हैं, जिनका दाहिना हाथ ऊपर को उठा हुआ है, ऐसे हनुमा्न जी का मैं ध्यान करता हूँ। ॥०४॥

स्फटिकाभं स्वर्णकान्तिं द्विभुजं च कृताञ्जलिम्।
कुण्डलद्वय-संशोभि-मुखाम्भोजं हरिं भजे ॥०५ ॥

स्वच्छ स्फटिक के समान कान्तिवाले, स्वर्ण के समान देदीप्यमान, दो भुजा वाले, अञ्जलि बाँधे हुए तथा जिनका मुखमण्डल कुण्डलों से सुशोभित है, उन हनुमान जी का मैं ध्यान करता हूँ। ॥०५॥

उद्यदादित्य-सङ्काशमुदारभुज-विक्रमम्।
कन्दर्प-कोटि-लावण्यं सर्वविद्या-विशारदम् ॥०६ ॥

उदय होते हुए सूर्य की प्रभावाले, उदार तथा भुजाओं से पराक्रम दिखानेवाले, करोड़ों कामदेव के समान सुंदर, सभी विद्याओं में विशारद, श्री हनुमान जी का मैं ध्यान करता हूँ। ॥०६॥

श्रीरामहृदयानन्दं भक्तकल्पमहीरुहम् ।
अभयं वरदं दोर्भ्यां कलये मारुतात्मजम् ॥०७ ॥

श्रीराम के हृदय को आनंदित करने वाले, भक्तों की अभीष्ट पूर्ति के लिए कल्पवृक्ष, अपनी भुजाओं से अभय प्रदान करने वाले, वरदाता, वायुपुत्र श्री हनुमान जी कहा मैं ध्यान करता हूँ । ॥०७॥

अपराजित ! नमस्तेऽस्तु नमस्ते रामपूजित !
प्रस्थानं च करिष्यामि सिद्धिर्भवतु मे सदा ॥०८ ॥

हे अपराजित ! हे रामपूजित ! मैं तुम्हें नमस्कार करता हूँ । मैं शत्रुओं पर विजय के लिए प्रस्थान कर रहा हूँ सर्वदा मेरा कार्य सिद्ध हो । ॥०८॥

यो वारान्निधिमल्प-पल्वलमिवोल्लङ्घ्य प्रतापान्वितो
वैदेहीघनशोक-तापहरणो वैकुण्ठभक्तप्रियः ।
अक्षाद्यूर्जित-राक्षसेश्वरमहा-दर्पापहारी रणे ।
सोऽयं वानरपुङ्गवोऽवतु सदा चाऽस्मान् समीरात्मजः ॥०९ ॥

अपार समुद्र को छोटे गड्ढे के समान लाँघने वाले, अत्यंत पराक्रमशील, वैदेही के अपार शोक-ताप का हरण करने वाले, मर्यादा पुरुषोत्तम भगवान् राम के अत्यंत प्रिय, संग्राम में महाबली, अक्षयकुमार एवं रावण के अभिमान को भी नष्ट करने वाले, वायुपुत्र, वानरों में श्रेष्ठ श्री हनुमान जी हम लोगों की रक्षा करें । ॥०९॥

वज्राङ्गं पिङ्गनेत्रं कनकमय-लसत्-कुण्डलाक्रान्तगण्डं
सर्वाविद्याधिनाथं करतलविधृतं पूर्णकुम्भं दृढं च ।
भक्ताभीष्टाधिकारं विदधति च सदा सुप्रसन्नं कपीन्द्रं-
त्रैलोक्यत्राणकारं सकलभुवनगं रामदूतं नमामि ॥१० ॥

वज्र के समान कठोर शरीर वाले, पिंगल (भूरे) नेत्र वाले, कनकमय कुण्डलों से सुशोभित गण्डस्थल वाले, संपूर्ण विद्याओं के अधिपति, हाथ में दृढ़ता से अमृतसंयुक्त पूर्ण कुंभ धारण करने वाले, भक्तों के अभीष्ट सिद्धि करने वाले, सदैव प्रसन्न रहने वाले, वानरों में मुख्य, त्रैलोक्य-रक्षा में समर्थ, अबाध गति से संपूर्ण विश्व में गमन करनेवाले, रामदूत हनुमान जी को मैं नमस्कार करता हूँ। ॥१०॥

उद्यल्लाङ्गूलकेश-प्रचलजलधरं भीममूर्तिं कपीन्द्रम्
वन्दे रामाङ्घ्रिपद्म-भ्रमरपरिवृतं सत्त्वसारं प्रसन्नम् ॥११॥

मेघपर्यंत स्पर्श करनेवाली लंबी पूँछ को हिलानेवाले, भीमकाय, श्रीरामचरणरूपी कमल के भ्रमर, अत्यन्त बलवान्, सदैव प्रसन्न रहने वाले, श्री हनुमान जी का मैं ध्यान करता हूँ। ॥११॥

वामे करे वीरभयं वहन्तं शैलं च धत्ते निजकण्ठलग्नम्।
उद्यानमुत्थाय सुवर्णवर्णं भजे ज्वलत्कुण्डलरामदूतम् ॥१२॥
पद्मरागमणि-कुण्डल-त्विषा पाटलीकृत-कपोलमण्डलम्।
दिव्यगेह-कदलीवनान्तरे भावयामि पवमान-नन्दनम् ॥१३॥

बाएँ हाथ में कण्ठ से लगे हुए वीरों को भय प्रदान करने वाले पर्वत को धारण किए हुए तथा वैद्य सुषेण द्वारा निर्दिष्ट दाहिने हाथ से देदीप्यमान सुवर्ण वर्ण के स्वयं प्रज्ज्वलित संजीवनी बूटी के उद्यान को उठाए हुए, जगमगाते कुण्डल धारण किए हुए श्री रामदूत का मैं ध्यान करता हूँ। पद्मराग मणि के द्वारा बने हुए कुण्डल की कान्ति से अपने गण्डस्थल को गुलाब के समान रक्त वर्ण बनाने वाले, कदलीवन के दिव्य गृह में निवास करने वाले, पवनात्मज श्री हनुमान जी का मैं ध्यान करता हूँ। ॥१२-१३॥

ॐ ऐं ह्रीं हनुमते रामदूताय शाकिनी-डाकिनी-विध्वंसनाय किल-किल वामकरेण निषण्णाय हनुमद्देवाय ॐ ह्रीं श्रीं ह्रौं ह्रां स्वाहा।

मन्त्रः →

ॐ नमो भगवते हनुमदाख्यरुद्राय सर्वदुष्टजनमुखस्तम्भनं
कुरु कुरु ह्रां ह्रीं ह्रूं ठंठंठं हुँ फट् स्वाहा।
ॐ नमो भगवते अञ्जनीगर्भसम्भूताय रामलक्ष्मणानन्दकराय
कपिसैन्य-प्रकाशनाय पर्वतोत्पाटनाय सुग्रीवामात्याय
रणपटोद्घाटनाय कुमारब्रह्मचारिणे गम्भीरभीमशब्दोदयाय
ॐ ह्रां ह्रीं ह्रूं सर्वदुष्टनिवारणाय स्वाहा।
ॐ नमो हनुमते सर्वग्रहान्-भूत-भविष्यद्-वर्तमानान् दूरस्थान्
समीपस्थान् सर्वकाल-दुष्टबुद्धीनुच्चाटयोच्चाटय
परबलानि क्षोभय-क्षोभय
मम सर्वकार्याणि साधय-साधय ॐ ह्रां ह्रीं ह्रूं फट् देहि-देहि स्वाहा।
ॐ शिवं सिद्धिं ह्रूं ह्रीं ह्रीं स्वाहा।
ॐ नमो हनुमते परकृत-यन्त्र-मन्त्र-पराहङ्कार-भूत-प्रेत-पिशाच-
परदृष्टि-सर्वविघ्न-दुर्जनचेटकविद्या-सर्वग्रहभयं निवारय-निवारय
वध-वध पच-पच दल-दल विचुलु-विचुलु किलु-किलु
सर्वयन्त्राणि कुरुष्व वाचं ॐ फट् स्वाहा।
ॐ नमो हनुमते पाहि-पाहि एहि-एहि
सर्वग्रहभूतानां शाकिनी-डाकिनीनां विषमदुष्टानां
सर्वविषयान्-आकर्षय सर्वविषयान्-आकर्षय
मर्दय-मर्दय छेदय-छेदय
अपमृत्युं ममोपशोषय अपमृत्युं ममोपशोषय ज्वल-ज्वल
प्रज्ज्वल-प्रज्ज्वल

भूतमण्डलं प्रेतमण्डलं पिशाचमण्डलं निरासय-निरासय
भूतज्वर-प्रेतज्वर-चतुर्थज्वर-विषमज्वर-महेश-ज्वरान्
छिन्धि-छिन्धि भिन्धि-भिन्धि अक्षिशूल-पक्षशूल-शिरोभ्यन्तरशूल-
गुल्मशूल-पितृशूल-
ब्रह्मराक्षसकुल-परबल-नागकुल-विषं निर्विषं फट् सर्वदुष्टग्रह-
निवारणाय स्वाहा ॥
ॐ नमो हनुमते पवनपुत्राय वैश्वानरमुखाय
पापदृष्टि-घोरदृष्टि-हनुमदाज्ञा स्फुरेत् स्वाहा ॥

॥ कवचम् ॥

श्रीराम उवाच -

हनुमान पूर्वतः पातु दक्षिणे पवनात्मजः ।
पातु प्रतीच्यां रक्षोघ्नः पातु सागरपारगः ॥०१ ॥
उदीच्यामूर्ध्वगः पातु केसरीप्रियनन्दनः ।
अधस्ताद् विष्णुभक्तस्तु पातु मध्ये च पावनिः ॥०२ ॥
अवान्तरदिशः पातु सीताशोक-विनाशनः ।
लङ्काविदाहकः पातु सर्वापद्भ्यो निरन्तरम् ॥०३ ॥

पुनः'ॐ ऐं ह्रीं'से आरंभ कर' हनुमदाज्ञया स्फुरेत् स्वाहा ॥'तक मंत्रों का पाठ कर पूर्वोक्त प्रकार से हनुमान जी का ध्यान करें ।

श्री राम ने कहा –

पूर्व की ओर हनुमान, दक्षिण की ओर पवनात्मज, पश्चिम की ओर रक्षोघ्न तथा उत्तर की ओर सागर-पारग, ऊपर की ओर केसरीनंदन, नीचे की ओर विष्णुभक्त, मध्य में पावनि, अवान्तर दिशाओं में सीताशोक-विनाशन तथा

समस्त आपत्तियों से निरंतर लंका-विदाहक हमारी रक्षा करें। ॥०१-०३॥

सुग्रीवसचिवः पातु मस्तकं वायुनन्दनः।
भालं पातु महावीरो भ्रुवोर्मध्ये निरन्तरम् ॥०४ ॥

सुग्रीवसचिव मेरे मस्तक की, वायुनन्दन भाल की तथा महावीर भौंह के मध्य में निरंतर रक्षा करें। ॥०४॥

नेत्रेच्छायाऽपहारी च पातु नः प्लवगेश्वरः।
कपोले कर्णमूले च पातु श्रीरामकिङ्करः ॥०५ ॥

छायापहारी (सिंहिका का वध करने वाले) नेत्रों की, प्लवगेश्वर कपोलों की तथा श्रीरामकिङ्कर कर्णमूल की रक्षा करें। ॥०५॥

नासाग्रमञ्जनीसूनुः पातु वक्त्रं हरीश्वरः।
वाचं रुद्रप्रियः पातु जिह्वां पिङ्गललोचनः ॥०६ ॥

अंजनीसूनु नासाग्र की, हरीश्वर मुख की, रुद्रप्रिय वाणी की तथा पिंगललोचन हमारी जीभ की रक्षा करें। ॥०६॥

पातु दन्तान् फाल्गुनेष्टश्चिबुकं दैत्यपादहा।
पातु कण्ठं च दैत्यारिः स्कन्धौ पातु सुरार्चितः ॥०७ ॥

अर्जुन के विजयरथ की ध्वजा में स्थित फाल्गुनेष्ट दाँतों की, दैत्यों को पैरों से मारने वाले दैत्य-पादहा चिबुक की, दैत्यारि कण्ठ की तथा देवता से पूजित सुरार्चित मेरे दोनों कन्धों की रक्षा करें। ॥०७॥

भुजौ पातु महातेजाः करौ तु चरणायुधः।
नखान्-नखायुधः पातु कुक्षिं पातु कपीश्वरः ॥०८ ॥

महातेजस्वी, माहतेजा भुजाओं की, चरणायुध दोनों हाथों की, नखायुध सभी नखों की तथा कपीश्वर कुक्षिभाग (कोख) की रक्षा करें। ॥०८॥

वक्षो मुद्रापहारी च पातु पार्श्वे भुजायुधः ।
लङ्काविभञ्जनः पातु पृष्ठदेशे निरन्तरम् ॥०९ ॥

मुद्रापहारी (श्रीराम की अंगूठी रखने वाले) वक्षःस्थल की, भुजायुध अगल-बगल की तथा लङ्का का नाश करने वाले लङ्काविभंजन निरंतर मेरे पृष्ठदेश (पीठ) की रक्षा करें। ॥०९॥

नाभिं च रामदूतस्तु कटिं पात्वनिलात्मजः ।
गुह्यं पातु महाप्राज्ञो लिङ्गं पातु शिवप्रियः ॥१० ॥

रामदूत नाभि की, अनिलात्मज कटिप्रदेश (कमर) की, महाप्राज्ञ गुदा की तथा शिवप्रिय लिङ्ग की रक्षा करें। ॥१०॥

ऊरू च जानुनी पातु लङ्काप्रासादभञ्जनः ।
जङ्घे पातु कपिश्रेष्ठो गुल्फौ पातु महाबलः ॥११ ॥

लङ्का को ढहानेवाले लङ्काप्रासादभञ्जन जानु तथा उरु की, कपिश्रेष्ठ जङ्घा की तथा महाबल दोनों गुल्फों की रक्षा करें। ॥११॥

अचलोद्धारकः पातु पादौ भास्करसन्निभः ।
अङ्गान्यमित-सत्त्वाढ्यः पातु पादाङ्गुलीस्तथा ॥१२ ॥

पर्वत उठानेवाले अचलोद्धारक दोनों पैरों की, भास्कर के समान तेजस्वी भास्करसन्निभ अङ्गों की, अमितपराक्रम वाले अमितसत्त्वाढ्य पैरों की अँगुलियों की रक्षा करें। ॥१२॥

सर्वाङ्गानि महाशूरः पातु रोमाणि चात्मवान्।
हनुमत्कवचं यस्तु पठेद् विद्वान् विचक्षणः ॥१३॥
स एव पुरूषश्रेष्ठो भक्तिं मुक्तिं च विन्दति।
त्रिकालमेककालं वा पठेन्मासत्रयं सदा ॥१४॥
सर्वान् रिपून् क्षणे जित्वा स पुमान् श्रियमाप्नुयात्।
मध्यरात्रे जले स्थित्वा सप्तवारं पठेद्यदि ॥१५॥
क्षया-ऽपस्मार-कुष्ठादि-तापज्वर-निवारणम्।
अश्वत्थमूलेऽर्कवारे स्थित्वा पठति यः पुमान् ॥१६॥
अचलां श्रियमाप्नोति सङ्ग्रामे विजयं तथा
लिखित्वा पूजयेद् यस्तु सर्वत्र विजयी भवेत् ॥१७॥
यः करे धारयेन्नित्यं स पुमान् श्रियमाप्नुयात्।
विवादे द्यूतकाले च द्यूते राजकुले रणे ॥१८॥
दशवारं पठेद् रात्रौ मिताहारी जितेन्द्रियः।
विजयं लभते लोके मानवेषु नराधिपः। ॥१९॥

महाशूर समस्त अङ्गों की, आत्मवान् समस्त रोमसमूहों की रक्षा करें। इस प्रकार जो विचक्षण विद्वान् इस हनुमत्-कवच का पाठ करते हैं, वे ही पुरुषश्रेष्ठ भुक्ति तथा मुक्ति प्राप्त करते हैं। जो तीनों काल अथवा एक काल तीन महीने तक इस हनुमत्-कवच का पाठ करते हैं, वे सभी शत्रुओं को क्षणमात्र में जीतकर लक्ष्मी प्राप्त करते हैं। यदि आधी रात के समय जल में स्थित होकर सात बार इस कवच का पाठ करे तो क्षय, अपस्मार, कुष्ठ तथा तिजारी ज्वर का अवश्य नाश होता है। रविवार के दिन जो पुरुष पीपल के नीचे इस कवच का पाठ करता है, वह अचल लक्ष्मी तथा संग्राम में विजय प्राप्त करता है। जो इस कवच को लिखकर उसकी पूजा करता है, वह सर्वत्र विजय प्राप्त करता है। तथा जो इस कवच को हाथ में धारण करता

है, वह लक्ष्मी को प्राप्त करता है। विवाद, जूएबाज़ी, राजकुल तथा रण में अल्पाहार-पूर्वक जितेंद्रिय होकर जो रात्रि में दस बार इस कवच का पाठ करता है, वह विजय प्राप्त करता है तथा मनुष्यों में राजा होता है। ॥१३-१९॥

भूत-प्रेत-महादुर्गे रणे सागर-सम्प्लवे।
सिंह-व्याघ्रभये चोग्रे शर-शस्त्रास्त्र-पातने ॥२०॥
शृङ्खलाबन्धने चैव कारागृह-नियन्त्रणे।
कायस्तोभे वह्निचक्रे क्षेत्रे घोरे सुदारुणे ॥२१॥
शोके महारणे चैव ब्रह्मग्रहविनाशनं।
सर्वदा तु पठेन्नित्यं जयमाप्नोत्यसंशयम् ॥२२॥

भूत-प्रेत से आविष्ट होने पर, महादुःख की अवस्था, रण, समुद्र में डूबने, अत्यंत भयानक सिंह तथा व्याघ्र से भय उत्पन्न होने पर, बाण तथा शस्त्रास्त्र से युद्ध की स्थिति में, सीकड़ से बाँधने की स्थिति में तथा कारागार (जेल) जाने की स्थिति में, शरीर-पीड़ा की स्थिति में, आग लगने की स्थिति में, अत्यंत भयानक क्षेत्र (खेत) रक्षण की स्थिति में, शोक महारण, ब्रह्मग्रह आदि में इस कवच का पाठ करने से ब्रह्मबाधा आदि समस्त दुःख दूर हो जाते हैं। जो सर्वदा इस कवच का पाठ करते हैं, वे निश्चय ही विजय प्राप्त करते हैं। ॥२०-२२॥

भूर्जे वा वसने रक्ते क्षौमे वा तालपत्रके।
त्रिगन्धेनाथमस्यैव विलिख्य धारयेन्नरः ॥२३॥
पञ्च-सप्त-त्रिलोहैर्वा गोपितं कवचं शुभम्।
गले कट्यां बाहुमूले कण्ठे शिरसि धारितम् ॥२४॥
सर्वान् कामानवाप्नोति सत्यं श्रीरामभाषितम् ॥२५॥

भोजपत्र, रेशमी लाल वस्त्र पर अथवा ताड़पत्र पर इस कवच को त्रिगंध स्याही से लिखकर मनुष्यों को यह कवच धारण करना चाहिए। पाँच, सात तथा तीन लोहे के भीतर रखकर गले, कटि अथवा बाहुमूल, कण्ठ या सिर में इस कवच को धारण करने से मनुष्य की समस्त कामनाएं पूरी होती हैं। यह सचमुच ही श्रीराम का कहा हुआ कवच है। ॥२३-२५॥

ॐ ब्रह्माण्डपुराणे नारदाऽगस्त्यसंवादे श्रीरामचन्द्रप्रोक्तं
एकमुखी-हनुमत् कवचं संपूर्णम् ॥

इस प्रकार ब्रह्माण्ड-पुराण के अन्तर्गत नारद तथा अगस्त्य के संवाद में श्रीराम द्वारा कथित एकमुखी हनुमत्-कवच संपूर्ण हुआ।

॥ पंचमुखहनुमत्कवचम् ॥

ॐ अस्य श्रीपञ्चमुख-हनुमन्मन्त्रस्य ब्रह्मात्रृषिः।
गायत्रीछन्दः। पञ्चमुखविराट् हनुमानदेवता। ह्रीं बीजम्।
श्रीं शक्तिः। क्रौं कीलकम्। क्रूं कवचम्।
क्रैं अस्त्राय फट्। इति दिग्बन्धः।

साधक को चाहिए कि सर्वप्रथम 'ॐ अस्य श्रीपञ्चमुख-हनुमन्मन्त्रस्य' से लेकर 'क्रैं अस्त्राय फट्।' पर्यंत मंत्र पढ़कर, दसों दिशाओं में चुटकी बजाता हुआ दिग्बंधन करें।

श्री गरुड उवाच।

अथ ध्यानं प्रवक्ष्यामि शृणु सर्वाङ्गसुन्दरि।
यत्कृतं देवदेवेन ध्यानं हनुमतः प्रियम् ॥०१॥

श्री गरूड़ जी ने कहा –

हे सुंदरि! देवाधिदेव भगवान् ने अपने प्रिय हनुमान जी का जिस प्रकार ध्यान

एवं पूजन आदि किया था, उसका में निरूपण करता हूँ, उसे सावधानीपूर्वक सुनो। ॥०१॥

पञ्चवक्त्रं महाभीमं त्रिपञ्चनयनैर्युतम्।
बाहुभिर्दशभिर्युक्तं सर्वकामार्थसिद्धिदम् ॥०२ ॥

महाभयंकर पाँचमुख तथा पन्द्रह नेत्र एवं भक्तों के समस्त अभीष्ट कार्य को करने वाले, दस बाहुओं से युक्त, पंचवक्त्र हनुमान जी का स्वरूप है। ॥०२॥

पूर्वं तु वानरं वक्त्रं कोटिसूर्यसमप्रभम्।
दन्ष्ट्राकरालवदनं भृकुटी-कुटिलेक्षणम् ॥०३ ॥

जिसमें पूर्व दिशावाला मुख करोड़ों सूर्यों के समान कान्ति एवं भयंकर दाँतों से युक्त तथा क्रोधयुक्त भृकुटी चढ़ी हुई दृष्टिवाला, वानर नाम का मुख है। ॥०३॥

अस्यैव दक्षिणं वक्त्रं नारसिंहं महाद्भुतम्।
अत्युग्रतेजो वपुषं भीषणं भयनाशनम् ॥०४ ॥

दक्षिण ओर के मुख का नाम नारसिंह है, जो कि भय-विनाशक, अत्यंत तेजस्वी शरीर वाला, भयंकर तथा महा-अद्भुत है। ॥०४॥

पश्चिमं गारुडं वक्त्रं वक्रतुण्डं महाबलम्।
सर्वनागप्रशमनं विषभूतादिकृन्तनम् ॥०५ ॥

उसी प्रकार महाबलवान्, समस्त नागों को शांत करने वाला तथा विष, भूत आदि को नष्ट करने वाला, टेढ़े मुखवाले हनुमान जी के पश्चिम मुख का नाम गारुड़मुख है। ॥०५॥

उत्तरं सौकरं वक्त्रं कृष्णं दीप्तं नभोपमम्।
पाताल-सिंह-वेताल-ज्वररोगादि-कृन्तनम् ॥०६॥

उनके उत्तर दिशा की ओर के मुख का नाम सौकर है, जो कि आकाश के समान देदीप्यमान, नीलवर्ण वाला तथा पाताल, सिंह, बेताल और ज्वरादि रोगों को नष्ट करने वाला है। ॥०६॥

ऊर्ध्वं हयाननं घोरं दानवान्तकरं परम्।
येन वक्त्रेण विप्रेन्द्र! तारकाख्यं महासुरम् ॥०७॥

उसी तरह भयंकर, दानवों को नष्ट करने वाला तथा महाबलवान् तारकासुर को जिस मुख से वध किया था, हे विप्रश्रेष्ठ! ऐसे हनुमान जी के ऊपर की ओर के मुख का नाम हयानन है। ॥०७॥

जघान शरणं तत् स्यात् सर्वशत्रुहरं परम्।
ध्यात्वा पञ्चमुखं रुद्रं हनुमन्तं दयानिधिम् ॥०८॥

जो साधक इन रुद्रस्वरूप, दयासागर, पंचमुख वाले हनुमान का ध्यान करता है एवं उनके शरणागत होता है, उसके समस्त शत्रुओं को हनुमान जी नष्ट कर देते हैं। ॥०८॥

खड्गं त्रिशूलं खट्वाङ्गं पाशमङ्कुशपर्वतम्।
मुष्टिं कौमोदकीं वृक्षं धारयन्तं कमण्डलुम् ॥९॥
भिन्दिपालं ज्ञानमुद्रां दशभिर्मुनिपुङ्गवम्।
एतान्यायुध-जालानि धारयन्तं भजाम्यहम् ॥१०॥
प्रेतासनोपविष्टं तं सर्वाभरणभूषितम्।
दिव्यमाल्याम्बरधरं दिव्यगन्धानुलेपनम् ॥११॥

खड़्ग, त्रिशूल, खट्वांग, पाश, अंकुश, पर्वत, मुष्टि, कौमोदकी, गदा, वृक्ष तथा कमण्डलु, भिंदिपाल, अस्त्र धारण किये हुए, दशों ज्ञानमुद्रा ऋषियों को प्रदर्शित करते हुए, समस्त आभरणों से सुशोभित, प्रेतासन (मुर्दे) पर बैठे हुए, दिव्य माला एवं गंध लगाए हुए, चारों ओर मुख वाले, आश्चर्यकारी ऐसे हनुमान जी का मैं ध्यान करता हूँ। ॥०९-११॥

सर्वाश्चर्यमयं देवं हनुमद्-विश्वतोमुखम्।
पञ्चास्यमच्युतमनेक-विचित्रवर्णं
वक्रं शशाङ्क-शिखरं कपिराजवर्यम्।
पीताम्बरादि-मुकुटैरूपशोभिताङ्गं
पिङ्गाक्षमाद्यमनिशं मनसा स्मरामि ॥१२॥

स्थिर, अनेक विचित्र वर्ण वाले, चंद्रमा से सुशोभित मस्तक वाले, कवियों में श्रेष्ठ, पीताम्बर एवं मुकुट से सुशोभित अङ्गवाले तथा पीले नेत्रवाले, आदिभूत, पंचमुखवाले हनुमान जी का मैं मन से निरंतर स्मरण करता हूँ। ॥१२॥

मर्कटेशं महोत्साहं सर्वशत्रुहरं परम्।
शत्रुं संहर मां रक्ष श्रीमन्नापदमुद्धर ॥१३॥

हे हनुमान ! आप वानराधिपति, महान् उत्साही तथा समस्त शत्रुओं को नष्ट करने वाले हैं। अतः आप मेरी रक्षा करें, शत्रुओं का संहार करें और भयंकर आपत्तियों से भी मेरा उद्धार करें। ॥१३॥

ॐ हरिमर्कट मर्कट मन्त्रमिदं
परिलिख्यति लिख्यति वामतले।
यदि नश्यति नश्यति शत्रुकुलं
यदि मुञ्चति मुञ्चति वामलता ॥१४॥

यदि साधक 'ॐ हरिमर्कटाय स्वाहा ।' इस मंत्र को लिखकर अपनी बाईं भुजा में बाँधता है, तो उसके समस्त शत्रु-कुल निश्चय ही नष्ट होते हैं तथा अशुभ भी अपनी अशुभता का परित्याग कर शुभ फल प्रदान करता है ।॥१४॥

ॐ हरिमर्कटाय स्वाहा ।

ॐ नमो भगवते पञ्चवदनाय पूर्वकपिमुखाय
सकलशत्रु-संहारणाय स्वाहा ।
ॐ नमो भगवते पञ्चवदनाय दक्षिणमुखाय करालवदनाय
नरसिंहाय सकलभूतप्रमथनाय स्वाहा ।
ॐ नमो भगवते पञ्चवदनाय पश्चिममुखाय गरुडाननाय
सकलविषहराय स्वाहा ।
ॐ नमो भगवते पञ्चवदनायोत्तरमुखायादिवराहाय
सकलसम्पत्कराय स्वाहा ।
ॐ नमो भगवते पञ्चवदनायोर्ध्वमुखाय हयग्रीवाय
सकलजनवशङ्कराय स्वाहा ।

तत्पश्चात 'ॐ हरिमर्कटाय स्वाहा ।' यहाँ से आरंभ कर 'सकलजनवशङ्कराय स्वाहा ।' पर्यंत का पाठ करें ।

विनियोगः →

ॐ अस्य श्री पञ्चमुखहनुमन्मन्त्रस्य श्रीरामचन्द्रऋषिः । अनुष्टुप्छन्दः ।
पञ्चमुखवीरहनुमान देवता ।
हनुमानिति बीजम् । वायुपुत्र इति शक्तिः । अञ्जनीसुत इति कीलकम् ।
श्रीरामदूतहनुमत्प्रसादसिद्ध्यर्थे जपे विनियोगः ।
इति ऋष्यादिकं विन्यसेत् ॥

विनियोग →

दाहिने हाथ में जल लेकर 'ॐ अस्य श्री पञ्चमुखहनुमन्मन्त्रस्य' से लेकर 'जपे विनियोगः' तक पढ़कर जल छोड़ दें।

करन्यासः →

ॐ अञ्जनीसुताय अङ्गुष्ठाभ्यां नमः।
ॐ रुद्रमूर्तये तर्जनीभ्यां नमः।
ॐ वायुपुत्राय मध्यमाभ्यां नमः।
ॐ अग्निगर्भाय अनामिकाभ्यां नमः।
ॐ रामदूताय कनिष्ठिकाभ्यां नमः।
ॐ पञ्चमुखहनुमते करतलकरपृष्ठाभ्यां नमः।

इति करन्यासः॥

हृदयादिन्यासः →

ॐ अञ्जनीसुताय हृदयाय नमः।
ॐ रुद्रमूर्तये शिरसे स्वाहा।
ॐ वायुपुत्राय शिखायै वषट्।
ॐ अग्निगर्भाय कवचाय हुम्।
ॐ रामदूताय नेत्रत्रयाय वौषट्।
ॐ पञ्चमुखहनुमते अस्त्राय फट्।

इति हृदयादिन्यासः॥

दिग्बन्धः →

ॐ पञ्चमुखहनुमते स्वाहा।

इति दिग्बन्धः।

करन्यास →

'ॐ अञ्जनीसुताय अङ्गुष्ठाभ्यां नमः ।' से लेकर 'ॐ पञ्चमुखहनुमते अस्त्राय फट् ।' पर्यंत पढ़ता हुआ करादि एवं हृदयादि न्यास करें । तत्पश्चात्, 'ॐ पञ्चमुखहनुमते स्वाहा ।' यह पढ़कर अपने मस्तक के चारों ओर चुटकी बजाता हुआ दिग्बन्ध करें ।

ध्यानम् →

अथ ध्यानम् ।

वन्दे वानर-नारसिंह-खगराट्-क्रोडाश्व-वक्त्रान्वितं
दिव्यालङ्करणं त्रिपञ्चनयनं देदीप्यमानं रुचा ।
हस्ताऽब्जैरसिखेट-पुस्तक-सुधा-कुम्भाऽङ्कुशाद्रिं हलं
खट्वाङ्गं फणिभूरुहं दशभुजं सर्वारिवीरापहम् ॥

ध्यान →

दिव्य अलंकारों से सुशोभित, पन्द्रह नेत्र वाले, अपनी कान्ति से ही देदीप्यमान, तलवार, खेट, पुस्तक, अमृतकलश, अंकुश, पर्वत, हल, खट्वांग, सर्प और वृक्ष आदि आयुध (शस्त्र) अपने दसों करकमलों में धारण किये हुए तथा समस्त वीर शत्रुओं को नष्ट करनेवाले, वानर, नृसिंह, गरूड़ वाराह एवं अश्व इन पाँच मुखवाले हनुमान जी को मैं नमस्कार करता हूँ ।

विनियोगः →

ॐ श्रीरामदूतायाऽऽञ्जनेयाय वायुपुत्राय महाबलपराक्रमाय
सीतादुःखनिवारणाय लङ्कादहनकारणाय महाबलप्रचण्डाय
फाल्गुनसखाय कोलाहल-सकलब्रह्माण्ड-विश्वरूपाय
सप्तसमुद्रनिर्लङ्घनाय पिङ्गल-नयनायाऽमितविक्रमाय
सूर्यबिम्बफलसेवनाय दुष्टनिवारणाय दृष्टिनिरालङ्कृताय

सञ्जीविनीसञ्जीविताङ्गद-लक्ष्मण-महाकपिसैन्य-प्राणदाय
दशकण्ठविध्वंसनाय रामेष्टाय महाफाल्गुनसखाय सीतासहित-
रामवरप्रदाय षट्-प्रयोगागम-पञ्चमुखवीरहनुमन्मन्त्रजपे विनियोगः।

विनियोगः →

हाथ में जल लेकर 'ॐ श्रीरामदूतायाऽऽञ्जनेयाय ।' से प्रारंभ कर 'हनुमन्मन्त्रजपे विनियोगः।' तक पढ़कर जल छोड़ें।

दिग्बन्धः →

ॐ हरिमर्कट-मर्कटाय बं बं बं बं बं वौषट् स्वाहा।
ॐ हरिमर्कट-मर्कटाय फं फं फं फं फं फट् स्वाहा।
ॐ हरिमर्कट-मर्कटाय खें खें खें खें खें मारणाय स्वाहा।
ॐ हरिमर्कट-मर्कटाय लुं लुं लुं लुं लुं
आकर्षित-सकलसम्पत्कराय स्वाहा।
ॐ हरिमर्कट-मर्कटाय धं धं धं धं धं शत्रुस्तम्भनाय स्वाहा।
ॐ टं टं टं टं टं कूर्ममूर्तये पञ्चमुखवीरहनुमते
परयन्त्र-परतन्त्रोच्चाटनाय स्वाहा।
ॐ कं खं गं घं ङं चं छं जं झं ञं टं ठं डं ढं णं
तं थं दं धं नं पं फं बं भं मं यं रं लं वं शं षं सं हं ळं क्षं स्वाहा।

इति दिग्बन्धः।

तत्पश्चात 'ॐ हरिमर्कटमर्कटाय' से लेकर 'शं षं सं हं ळं क्षं स्वाहा।' तक पढ़कर अपने मस्तक के चारों ओर चुटकी बजाकर दिग्बन्ध बंद करें।

ॐ पूर्वकपिमुखाय पञ्चमुखहनुमते टं टं टं टं टं
सकलशत्रुसंहरणाय स्वाहा।
ॐ दक्षिणमुखाय पञ्चमुखहनुमते करालवदनाय नरसिंहाय

ॐ ह्रां ह्रीं ह्रूं ह्रैं ह्रौं ह्रः सकल-भूत-प्रेत-दमनाय स्वाहा।

ॐ पश्चिममुखाय गरुडाननाय पञ्चमुखहनुमते

मं मं मं मं मं सकलविषहराय स्वाहा।

ॐ उत्तरमुखायाऽऽदिवराहाय लं लं लं लं लं नृसिंहाय

नीलकण्ठमूर्तये पञ्चमुखहनुमते स्वाहा।

ॐ उर्ध्वमुखाय हयग्रीवाय रुं रुं रुं रुं रुं रुद्रमूर्तये

सकलप्रयोजन-निर्वाहकाय स्वाहा।

ॐ अञ्जनीसुताय वायुपुत्राय महाबलाय सीताशोकनिवारणाय

श्रीरामचन्द्रकृपापादुकाय महावीर्यप्रमथनाय ब्रह्माण्डनाथाय

कामदाय पञ्चमुखवीरहनुमते स्वाहा।

भूत-प्रेत-पिशाच-ब्रह्मराक्षस-शाकिनी-डाकिन्यन्तरिक्षग्रह-

परयन्त्र-परतन्त्रोच्चटनाय स्वाहा।

सकलप्रयोजननिर्वाहकाय पञ्चमुखवीरहनुमते

श्रीरामचन्द्रवरप्रसादाय जं जं जं जं जं स्वाहा।

इसके बाद 'ॐ पूर्वकपिमुखाय' से आरंभ होकर '

जं जं जं जं जं स्वाहा।' तक इस कवच का पाठ करें।

इदं कवचं पठित्वा तु महाकवचं पठेन्नरः।

एकवारं जपेत्स्तोत्रं सर्वशत्रुनिवारणम् ॥१५॥

द्विवारं तु पठेन्नित्यं पुत्र-पौत्र-प्रवर्धनम्।

त्रिवारं च पठेन्नित्यं सर्वसम्पत्करं शुभम् ॥१६॥

चतुर्वारं पठेन्नित्यं सर्वरोगनिवारणम्।

पञ्चवारं पठेन्नित्यं सर्वलोकवशङ्करम् ॥१७॥

षड्वारं च पठेन्नित्यं सर्वदेववशङ्करम्।

सप्तवारं पठेन्नित्यं सर्वसौभाग्यदायकम् ॥१८॥

अष्टवारं पठेन्नित्यमिष्टकामार्थ-सिद्धिदम्।

नववारं पठेन्नित्यं राजभोगमवाप्नुयात् ॥१९॥
दशवारं पठेन्नित्यं त्रैलोक्यज्ञानदर्शनम् ।
रुद्रावृत्तिं पठेन्नित्यं सर्वसिद्धिर्भवेद्ध्रुवम् ॥२०॥
कवचस्मरणेनैव महाबलमवाप्नुयात् ॥२१॥
॥ इति श्रीसुदर्शनसंहितायां श्रीरामचन्द्रसीताप्रोक्तं
श्रीपञ्चमुखहनुमत्कवचं सम्पूर्णम् ॥

तदनंतर महाकवच का पाठ करें । इस कवच का एक बार पाठ करने से समस्त शत्रुनाश, दो बार करने से पुत्र-पौत्रादि की वृद्धि, तीन बार पाठ करने से समस्त संपत्ति-प्राप्ति तथा चार बार पाठ करने से सभी रोगों का नाश, पाँच बार पाठ करने से समस्त प्राणीमात्रवशकारी एवं छः बार पाठ करने से समस्त देवगण वशीभूत और सात बार पाठ करने से समस्त सौभाग्य-प्राप्ति, आठ बार पाठ करने से इष्ट कार्य की सिद्धि, नव बार पाठ करने से राज्यसुखोपभोग की प्राप्ति, दस बार पाठ करने से त्रिलोक-ज्ञान की वृष्टि एवं ग्यारह पाठ करने से निश्चित ही समस्त कार्य सिद्ध होते हैं और कवच के स्मरण मात्र से ही मनुष्य महाबलवान् होता है । ॥१५-२०॥

इस प्रकार सुदर्शनसंहितान्तर्गत श्रीरामचंद्र-सीताप्रोक्तं
श्रीपंचमुखहनुमत्कवचं समाप्त ।

॥ सप्तमुखहनुमत्कवचम् ॥

यह अथर्वण रहस्य में से लिया हुआ कवच है । इसका प्रतिदिन तीनों संध्याओं में पाठ करने से साधक सभी कार्य सिद्ध कर लेता है । पारिवारिक सुख प्राप्त कर लेता है । असाध्य रोगों का विनाश हो जाता है । दुःखों का हनन हो जाता है । कार्य सिद्ध हो जाते हैं ।

विनियोगः →

ॐ अस्य श्री सप्तमुखीवीरहनुमत्कवचस्तोत्रमन्त्रस्य नारदऋषिः । अनुष्टुपछन्दः । श्रीसप्तमुखीकपिः, परमात्मा देवता । ह्रां बीजम् । ह्रीं शक्तिः । ह्रूं कीलकम् । मम सर्वाभीष्टसिध्यर्थे जपे विनियोगः ।

विनियोग →

साधक को चाहिए कि सर्वप्रथम दाहिने हाथ में जल लेकर 'ॐ अस्य श्रीसप्तमुखीवीरहनुमत्कवचस्तोत्रमन्त्रस्य' से लेकर 'जपे विनियोगः' तक पढ़कर भूमि पर जल छोड़ें।

करन्यासः →

ॐ ह्रां अङ्गुष्ठाभ्यां नमः ।

ॐ ह्रीं तर्जनीभ्यां नमः ।

ॐ ह्रूं मध्यमाभ्यां नमः ।

ॐ ह्रैं अनामिकाभ्यां नमः ।

ॐ ह्रौं कनिष्ठिकाभ्यां नमः ।

ॐ ह्रः करतलकरपृष्ठाभ्याम् नमः ।

इति करन्यासः।

करन्यास →

'ॐ ह्रां अङ्गुष्ठाभ्यां नमः ।' से आरंभ कर 'ॐ ह्रः करतलकरपृष्ठाभ्याम् नमः ।' तक वाक्य पढ़कर करन्यास एवं हृदयादि षडंन्यास करें।

हृदयादिन्यासः →

ॐ ह्रां हृदयाय नमः ।

ॐ ह्रीं शिरसे स्वाहा ।

ॐ ह्रूं शिखायै वौषट ।

ॐ ह्रैं कवचाय हुम् ।

ॐ ह्रौं नेत्रत्रयाय वौषट ।

ॐ ह्रः अस्त्राय फट ।

ध्यानम् →

वन्दे वानर-सिंह-सर्परिपु-वाराहाऽश्व-गो-मानुषै-
युक्तं सप्तमुखैः करैर्द्रुमगिरिं चक्रं गदां खेटकम् ।
खट्वाङ्गं हलमङ्कुशं फणिसुधा-कुम्भौ शराब्जाभयान्
शूलं सप्तशिखं दधानममरः सेव्यं कपिं कामदम् ॥

ध्यान →

खट्वाङ्ग, हल, अंकुश, सर्प, अमृतकलश, बाण, कमल, अभय, शूल, और अग्नि को धारण किये हुए, सर्वाभीष्टप्रदायक, देवताओं से भी सेवित, वानर, सिंह, गरुड़, वाराह, अश्वगो तथा मनुष्य इन सप्तमुखवाले हनुमान जी को मैं नमस्कार करता हूँ ।

ब्रह्मोवाच →

सप्तशीर्ष्णः प्रवक्ष्यामि कवचं सर्वसिद्धिदम् ।
जप्त्वा हनुमतो नित्यं सर्वपापैः प्रमुच्यते ॥०१ ॥

ब्रह्माजी ने कहा →

हे देवगण ! सातमुख वाले हनुमान जी के सर्वसिद्धिप्रदायक कवच का मैं वर्णन करता हूँ । जिसका नित्य पाठ करने से मनुष्य त्रिविध ताप-पाप से मुक्त हो जाता है । ॥०1॥

सप्तस्वर्गपतिःपायांच्छिखां मे मारूतात्मजः ।
सप्तमूर्धा शिरोऽव्यान्मे सप्तार्चिभालदेशकम् ॥०२ ॥
त्रिःसप्तनेत्रो नेत्रेऽव्यात्सप्तस्वरगतिः श्रुति ।
नासां सप्तपदार्थोऽव्यान्मुखं सप्तमुखोऽवतु ॥०३ ॥

सप्तस्वर्गपति वायुनंदन मेरे शिखा की, सप्तमूर्धा मस्तक की, सप्तार्चि कपाल की, त्रिसप्तनेत्र नेत्र की, सप्तस्वरगति दोनों कानों की, सप्तपदार्थ नासिका की, सप्तमुख मुख की रक्षा करें । ॥०२-०३॥

सप्तजिह्वस्तु रसनां-रदान् सप्तहयोऽवतु ।
सप्तच्छन्दो हरिः पातु कण्ठं बाहू गिरिस्थितः ॥०४ ॥
करौ चतुर्दशकरो भूधरोऽव्यान्ममांगुलीः ।
सप्तर्षिध्यातो हृदयमुदरं कुक्षिसागरः ॥०५ ॥
सप्तद्वीपपतिश्चित्तं सप्तव्याहृतिरूपवान् ।
कटिं मे सप्तसंस्थार्थदायकः सक्थिनी मम ॥०६ ॥

इसी प्रकार सप्तजिह्व जीभ की, सप्तहय दाँतों की, सप्तच्छन्दकपि कण्ठ की तथा गिरिस्थित दोनों बाहुओं की, चतुर्दशकर दोनों हाथों की, भूधर अँगुलियों की, सप्तर्षिध्यात हृदय की कुक्षिसागर पेट की, सप्तद्वीपपति चित्त की, सप्तव्याहृति कटिप्रदेश की, सप्तसंस्थार्थदायक मेरे सक्थियों की रक्षा करें । ॥०४-०६॥

सप्तग्रहस्वरूपी मे जानुनी जङ्घयोस्तथा ।
सप्तधान्यप्रियः पादौ सप्तपातालधारकः ॥०७ ॥
पशुन् धनं च धान्यं च लक्ष्मीं लक्ष्मीप्रदोऽवतु ।
दारान् पुत्रांश्च कन्याश्च कुटुम्बं विश्वपालकः ॥०८ ॥

तथा सप्तग्रहस्वरूपी मेरे घुटनों की, सप्तधान्यप्रिय जंघाओं की, सप्तपातालधारक मेरे पैरों की, लक्ष्मीप्रद पशु, धन, धान्य, लक्ष्मी की, विश्वपालक पत्नी, पुत्र, कन्या एवं कुटुम्ब की रक्षा करें। ॥०७-०८॥

अनुक्तस्थानमपि मे पायाद् वायुसुतःसदा।
चौरेभ्यो व्यालदंष्ट्रिभ्यः शृङ्गिभ्यो भूत-राक्षसात् ॥०९॥
दैत्येभ्योऽप्यथ यक्षेभ्यो ब्रह्मराक्षसजाद् भयात्।
दंष्ट्राकरालवदनो हनुमान मां सदाऽवतु ॥१०॥

मेरे अनुक्त (अकथित) अंगों की वायुसुत निरंतर रक्षा करें। उसी प्रकार चोर, सर्प, भयंकर दाँत एवं सिंग वाले पशु, भूत, राक्षसादिगण, दैत्य, यक्ष तथा ब्रह्मराक्षस द्वारा उत्पन्न भय से दंष्ट्राकरालवदन हनुमान हमारी रक्षा करें। ॥०९-१०॥

परशस्त्र-मन्त्र-तन्त्र-यन्त्राऽग्नि जल-विद्युतः।
रुद्रांशः शत्रुसङ्ग्रामात् सर्वावस्थासु सर्वभृत् ॥११॥

शत्रु द्वारा चलाए गए शस्त्र, मंत्र, तंत्र, यंत्र आदि तथा अग्नि, जल, बिजली और शत्रु-संग्राम से रुद्रांश और सभी अवस्थाओं में सर्वभृत् कपि मेरी रक्षा करें। ॥११॥

ॐ नमो भगवते सप्तवदनाय आद्यकपिमुखाय
वीरहनुमते सर्वशत्रुसंहारणाय
ठं ठं ठं ठं ठं ठं ठं ॐ नमः स्वाहा ॥१२॥
ॐ नमो भगवते सप्तवदनाय द्वितीयनारसिंहास्याय
अत्युग्रतेजोवपुषे भीषणाय भयनाशनाय
हं हं हं हं हं हं हं ॐ नमः स्वाहा ॥१३॥

ॐ नमो भगवते सप्तवदनाय तृतीयगरुड़वक्त्राय
वज्रदंष्ट्राय महाबलाय सर्वरोगविनाशनाय
मं मं मं मं मं मं मं ॐ नमः स्वाहा ॥१४॥
ॐ नमो भगवते सप्तवदनाय चतुर्थक्रोडतुण्डाय
सौमित्रिरक्षकाय पुत्राद्यभिवृद्धिकराय
लं लं लं लं लं लं लं ॐ नमः स्वाहा ॥१५॥
ॐ नमो भगवते सप्तवदनाय पञ्चमाश्ववदनाय रुद्रमूर्तये
सर्ववशीकरणाय सर्वागमस्वरूपाय
रुं रुं रुं रुं रुं रुं रुं ॐ नमः स्वाहा ॥१६॥
ॐ नमो भगवते सप्तवदनाय षष्ठगोमुखाय
सूर्यरूपाय सर्वरोगहराय मुक्तिदात्रे
ॐ ॐ ॐ ॐ ॐ ॐ ॐ ॐ नमः स्वाहा ॥१७॥
ॐ नमो भगवते सप्तवदनाय सप्तमानुषमुखाय रुद्रावताराय अञ्जनीसुताय
सकलदिग्यशो-विस्तारकाय वज्रदेहाय सुग्रीवसाह्यकराय उदधिलङ्घनाय
सीताशुद्धिकराय लङ्कादहनाय अनेकराक्षसान्तकाय रामानन्ददायकाय
अनेकपर्वतोत्पाटकाय सेतुबन्धकाय कपिसैन्यनायकाय
रावणान्तकाय ब्रह्मचर्याश्रमिणे कौपीनब्रह्मसूत्रधारकाय रामहृदयाय
सर्वदुष्टग्रहनिवारणाय शाकिनी-डाकिनी-वेताल-ब्रह्मराक्षस-भैरवग्रह-
यक्षग्रह-पिशाचग्रह-ब्रह्मग्रह-क्षत्रियग्रह-वैश्यग्रह-शूद्रग्रहान्त्यजग्रह-
म्लेच्छग्रह-सर्प-ग्रहोच्चाटकाय मम सर्वकार्यसाधकाय सर्वशत्रुसंहारकाय
सिंहव्याघ्रादि-दुष्ट-सत्वाकर्षकायैकाहिकादि-विविधज्वरच्छेदकाय
परयन्त्र-मन्त्र-तन्त्र-नाशकाय सर्वव्याधि-निकृन्तकाय सर्पादि-
सर्वस्थावर-जङ्गम-विषस्तम्भनकराय सर्वराजभय-चोरभयाऽग्निभय-
प्रशमनाया-ऽऽध्यात्मिका-ऽऽधिदैविका-ऽऽधिभौतिक-तापत्रय-
निवारणाय सर्वविद्या-सर्वसंपत्-सर्वपुरुषार्थदायकाया-ऽसाध्यकार्य-

साधकाय सर्ववरप्रदाय सर्वाऽभीष्टकराय
ॐ ह्रां ह्रीं ह्रूं ह्रैं ह्रौं ह्रः ॐ नमः स्वाहा । ॥१८ ॥

तत्पश्चात 'ॐ नमो भगवते सप्तवदनाय' से लेकर 'ॐ ह्रां ह्रीं ह्रूं ह्रैं ह्रौं ह्रः ॐ नमः स्वाहा ।' तक इस कवच का पाठ करें । ॥१२-१८॥

॥ फलश्रुतिः ॥

य इदं कवचं नित्यं सप्तास्यस्य हनूमतः ।
त्रिसन्ध्यं जपते नित्यं सर्व शत्रुविनाशनम् ॥१९ ॥
पुत्र-पौत्रप्रदं सर्वं सम्पद्-राज्यप्रदं परम् ।
सर्वरोगहरं चाऽऽयुः कीर्तिदं पुण्यवर्द्धनम् ॥२० ॥

फलश्रुति →

जो इस सप्तमुख हनुमत्कवच का त्रिकाल पाठ करता है, उसके समस्त शत्रु नष्ट हो जाते हैं तथा उसे पुत्र-पौत्र आदि की प्राप्ति होती है । एवं उसके समस्त असाध्य रोग नष्ट हो जाते हैं तथा समस्त संपत्ति एवं राज्यसुख का वह उपभोग करता है और उसकी आयु, कीर्ति एवं पुण्य की निरंतर वृद्धि होती है । ॥१९-२०॥

राजानं स-वंश नीत्वा त्रैलोक्यविजयी भवेत् ।
इदं हि परमं गोप्यं देयं भक्तियुताय च ॥२१ ॥
न देयं भक्तिहीनाय दत्त्वा स निरयं व्रजेत् ॥२२ ॥

और वह प्राणी राजाओं को अपने वश में कर त्रैलोक्य में विजय प्राप्त करता है । अत्यंत गुप्त यह कवच श्रद्धा-भक्तिहीन नास्तिक को कदापि प्रदान न करें । यदि अज्ञानवश वह नास्तिक को उपदेश देता है तो निश्चय ही वह नरकगामी होता है । ॥२१-२२॥

नामानि सर्वाण्यपवर्गदानि रूपाणि विश्वानि च यस्य सन्ति ।
कर्माणि देवैरपि दुर्घटानि तं मारुतिं सप्तमुखं प्रपद्ये ॥२३ ॥
॥ इति सप्तमुखहनुमत्कवचं समाप्तम् ॥

जिनके स्वरूप एवं नाम इस लोक में मोक्ष देने वाले हैं तथा जिनके कार्य अति भयंकर हैं, जिसे कि समस्त देवगण भी करने में असमर्थ हैं ऐसे सप्तमुख हनुमान की मैं शरण में हूँ । ॥२३॥

॥ इस प्रकार सप्तमुखहनुमत्कवच समाप्त ॥

॥ एकादशमुखहनुमत्कवचम् ॥

श्रीगणेशाय नमः ।
लोपामुद्रोवाच -
कुम्भोद्भव ! दयासिन्धो ! श्रुतं हनुमतः प्रभो !
यन्त्रमन्त्रादिकं सर्वं त्वन्मुखोदीरितं मया ॥०१ ॥
दयां कुरु मयि प्राणनाथ ! वेदितुमुत्सहे ।
कवचं वायुपुत्रस्य एकादशमुखात्मनः ॥०२ ॥
इत्येवं वचनं श्रुत्वा प्रियायाः प्रश्रयान्वितम् ।
वक्तुं प्रचक्रमे तत्र लोपामुद्रां प्रति प्रभुः ॥०३ ॥

अगस्त्यपत्नी लोपामुद्रा ने महर्षि अगस्त्य जी से कहा - हे दयासागर ! कुम्भ से उत्पन्न प्राणनाथ ! आपने तो मुझे अपने मुख से ही श्री हनुमान जी का यंत्र, मन्त्र, तन्त्र आदि सभी कुछ बताया । इसके अनन्तर वायुपुत्र एकादश मुखवाले हनुमान जी के कवच को जानने की मेरी अपूर्व इच्छा है, जिसे दयापूर्वक आप बताने की कृपा करें । इस प्रकार अपनी प्रिय पत्नी के वचन सुनकर लोपामुद्रा से अगस्त्य जी ने इस प्रकार कहा - ॥०१-०३॥

अगस्त्य उवाच -

नमस्कृत्वा रामदूतं हनुमन्तं महामतिम्।
ब्रह्मप्रोक्तं तु कवचं शृणु सुन्दरि ! सादरात् ॥०४॥
सनन्दनाय च महच्चतुराननभाषितम्।
कवचं कामदं दिव्यं रक्षःकुलनिबर्हणम् ॥०५॥
सर्वसम्पत्प्रदं पुण्यं मर्त्यानां मधुरस्वरे।

अगस्त्य जी ने कहा - हे सुंदरि ! सृष्टिविधायक ब्रह्मा द्वारा कथित एकादशमुखवाले हनुमान जी के कवच का मैं वर्णन करता हूँ, जिसे तुम श्रद्धा-भक्ति से सावधानीपूर्वक सुनो। ऐसा कहकर अतुलितबुद्धि वाले रामदूत हनुमान जी को प्रणाम कर महर्षि अगस्त्य जी ने इस प्रकार कहा – ॥०४॥

हे प्रिये ! चतुर्मुख ब्रह्मा समस्त अभीष्टप्रद एवं संपूर्ण राक्षसों को नष्ट करने वाले तथा अणिमादि आठ सिद्धियों को देने वाले एकादशमुखवाले श्री हनुमान जी के पूर्णकारी कवच का वर्णन भगवद्-पार्षद सनन्दनादिकों से मधुर स्वर में इस प्रकार किया - ॥०५, १/२॥

विनियोगः →

ॐ अस्य श्रीकवचस्यैकादशवक्त्रस्य धीमतः ॥०६॥
हनुमत्कवचमन्त्रस्य सनन्दनऋषिः स्मृतः।
प्रसन्नात्मा हनूमांश्च देवताऽत्र प्रकीर्तिता ॥०७॥
छन्दोऽनुष्टुप्-समाख्यातं बीजं वायुसुतस्तथा।
मुख्याऽत्र प्राणशक्तिश्च विनियोगः प्रकीर्तितः।
सर्वकामार्थसिद्ध्यर्थे जप एवमुदीरयेत्। ॥०८॥

विनियोग →

हे सनन्दनादि महर्षिगण ! इन एकादशमुखवाले हनुमत्कवच मंत्र के नन्दन ऋषि, प्रसन्नचित्त वाले हनुमान देवता, अनुष्टुप छंद, वायुसुत बीज एवं मुख्य प्राण शक्ति रूप से है; इस प्रकार कहा । साधक को चाहिए कि वह दाहिने हाथ में जल लेकर 'ॐ अस्य श्रीकवचस्यैकादशवक्त्रस्य' इत्यादि देश-काल का निरूपण करते हुए 'सर्वकामार्थसिद्ध्यर्थे जप एवमुदीरयेत् ।' तक कहकर भूमि पर चल छोड़ दें । ॥०६-०८॥

ॐ स्फ्रें-बीजशक्तिधृक् पातु शिरो मे पवनात्मजः

इति अंगुष्ठाभ्यां नमः ।

ॐ क्रौं-बीजात्मा नयनयोः पातु मां वानरेश्वरः ।

इति तर्जनीभ्यां नमः । ॥०९ ॥

ॐ क्षं-बीजरूपीकर्णौ मे सीताशोकविनाशनः ।

इति मध्यमाभ्यां नमः । ॥१० ॥

ॐ ग्लौं-बीजवाच्यो नासां मे लक्ष्मणप्राणदायकः ।

इति अनामिकाभ्यां नमः ।

ॐ वं-बीजर्थश्च कण्ठं मे अक्षयक्षयकारकः ।

इति कनिष्ठिकाभ्यां नमः ।

ॐ रां बीजवाच्यो हृदयं पातु मे कपिनायकः ।

इति करतलकरपृष्ठाभ्यां नमः । ॥११ ॥

न्यासः →

'ॐ स्फ्रें-बीजशक्तिधृक् पातु' से आरंभ कर 'इति करतलकरपृष्ठाभ्यां नमः।' तक पढ़ें । ॥०९-११॥

॥ कवचम् ॥

ॐ वं-बीजकीर्तितः पातु बाहू मे चाऽञ्जनीसुतः ।
ॐ ह्रां-बीजं राक्षसेन्द्रस्य दर्पहा पातु चोदरम् । ॥१२ ॥
सौं-बीजमयो मध्यं मे पातु लङ्काविदाहकः ।
ह्रीं-बीजधरो गुह्यं मे पातु देवेन्द्रवन्दितः । ॥१३ ॥
रं-बीजात्मा सदा पातु चोरू मे वार्धिलङ्घनः
सुग्रीवसचिवः पातु जानुनी मे मनोजवः । ॥१४ ॥

कवच →

'वं' बीजयुक्त अञ्जनीसुत मेरे दोनों भुजाओं की, 'ह्रां' बीजयुक्त रावण के अभिमान को नष्ट करने वाले दर्पहा पेट की, 'सौं' बीजसहित लङ्काविदाह नाभि की, 'ह्रीं' बीजवाले देवेन्द्रवन्दित गुप्तांग की, 'रं' बीजात्मक वार्धिलङ्घन दोनों जंघाओं की, सुग्रीवमंत्री मनोजव मेरे जानु (घुटनों) की रक्षा करें । ॥१२-१४॥

आपादमस्तकं पातु रामदूतो महाबलः ।
पूर्वे वानरवक्त्रो मां चाऽग्नेय्यां क्षत्रियान्तकृत् । ॥१५ ॥
दक्षिणे नारसिंहस्तु नैर्ऋत्यां गणनायकः ।
वारुण्यां दिशि मामव्यात्-खगवक्त्रो हरीश्वरः । ॥१६ ॥
वायव्यां भैरवमुखः कौबेर्यां पातु मे सदा ।
क्रोडास्यः पातु मां नित्यमीशान्यांरुद्ररूपधृक् ॥
ऊर्ध्वं हयाननः पातु गुह्याधः सुमुखस्तथा ।
पादौ पादतले पातु द्रोणाचलधरो हरिः ॥१७ ॥

इसी प्रकार महाबली रामदूत पैर से लेकर मस्तक पर्यन्त मेरे सभी अङ्गों की रक्षा करें । तथा वानरमुख वाले पूर्व दिशा में, परशुराम आकृति वाले

आग्नेय में, नारसिंहवक्त्रवाले दक्षिण में, गणेशमुख वाले नैर्ऋत्य में एवं गरूड़मुखवाले कपीश्वर पश्चिम में, भैरवमुख वाले वायव्य में, वाराहमुखवाले उत्तर में, रुद्रमुख वाले ईशान दिशा में मेरी निरंतर रक्षा करें। ऊर्ध्व में हयानन, द्रोणाचलधरो हरि मेरे पैरों की रक्षा करें। ॥१५-१७॥

रामस्तु पातु मां नित्यं सौम्यरूपो महाभुजः।
एकादशमुखस्यैतद्-दिव्यं वै कीर्तितं मया ॥१८॥
रक्षोघ्नं कामदं सौम्यं सर्वसम्पद्विधायकम्।
पुत्रदं धनदं चोग्रं शत्रुसम्पत्तिमर्दनम् ॥१९॥
स्वर्गा-ऽपवर्गदं दिव्यं चिन्तितार्थप्रदं शुभम्।
एतत्कवचमज्ञात्वा मन्त्रसिद्धिर्न जायते ॥२०॥

विशाल बाहुवाले, शांत स्वरूप, मर्यादा-पुरुषोत्तम भगवान् राम मेरी निरन्तर रक्षा करें। इस प्रकार मैंने आपसे राक्षसों को नष्ट करने वाले सर्वाभीष्टप्रद, सौम्य, सर्वसंपत्ति-प्रदायक, पुत्र एवं धनप्रद एवं समस्त शत्रु एवं उनके संपत्ति विनाशक, चिंतित मनोरथपूर्णकारक, सर्वमोक्षप्रद, एकादशमुखवाले हनुमान जी के इस दिव्य कवच का वर्णन किया। इस कवच का बिना ज्ञान किये किसी भी अवस्था में मंत्र सिद्धि नहीं होती। ॥१८-२०॥

॥ फलश्रुतिः ॥

चत्वारिंशत्सहस्राणि पठेच्छुद्धात्मना नरः।
एकवारं पठेन्नित्यं कवचं सिद्धिदं महत् ॥२१॥
द्विवारं वा त्रिवारं वा पठेदायुष्यमाप्नुयात्।
क्रमादेकादशादेवमावर्तनकृतात्-सुधीः ॥२२॥
वर्षान्ते दर्शनं साक्षाल्लभते नाऽत्र संशयः।

यं यं चिन्तयते कामं तं तं प्राप्नोति पूरुषः ॥
ब्रह्मोदीरितमेतद्धि तवाऽग्रे कथितं महत् ॥२३ ॥

फलश्रुति →

मनुष्य को चाहिए कि वह अत्यंत श्रद्धा-भक्ति पूर्वक इस कवच का चालीस हज़ार पाठ करें। तथा नित्य एक बार पाठ करे, इससे यह कवच सिद्धिदायक होता है। इसी प्रकार, दो या तीन बार नित्य पाठ करने से अपमृत्यु (अकाल मृत्यु) का नाश एवं आयुष्य वृद्धिकारक होता है। जो साधक नित्य इस कवच का ग्यारह बार पाठ करता है, उसे वर्ष के भीतर निःसंदेह हनुमान जी का साक्षात् दर्शन प्राप्त होता है और वह जिन-जिन कामनाओं की इच्छा करता है वे सभी अवश्य ही उसके पूर्ण होते हैं। हे प्रिये! ब्रह्मा ने सनन्दनादि ऋषियों से जिस प्रकार इस कवच का निरूपण किया था, उसे मैंने तुम्हारे समक्ष संपूर्ण रूप से कहा। ॥२२-२४॥

इत्येवमुक्त्वा कवचं महर्षिस्तूष्णीं बभूवेन्दुमुखीं निरीक्ष्य।
संहृष्टचित्ताऽपि तदा तदीय पादौ ननामाऽतिमुदा स्वभर्तुः। ॥२४ ॥

इस प्रकार महर्षि अगस्त्य जी इस कवच का चंद्रमुखी लोपामुद्रा के समक्ष वर्णन कर मौन हो गए। तत्पश्चात अत्यंत प्रसन्नचित्त वाली उस लोपामुद्रा ने अपने परमाराध्य पति अगस्त्य जी के चरणों में अत्यंत श्रद्धा-भक्ति युक्त हो प्रणाम किया। ॥२५॥

॥ इत्यगस्त्यसारसंहितायामेकादशमुखहनुमत्कवचं सम्पूर्णम् ॥

इस प्रकार अगस्त्यसारसंहिता में दिया गया एकादशमुख-हनुमत्कवच सम्पूर्ण होता है।

अध्याय - २१

श्री हनुमान जी की अष्टोत्तरशतनामावली

ॐ श्रीगणेशाय नमः ॥

ॐ मनोजवं मारुततुल्यवेगं जितेन्द्रियं बुद्धिमतां वरिष्ठम् ।
वातात्मजं वानरयूथमुख्यं श्रीरामदूतं शिरसा नमामि ॥

श्रीमदाञ्जनेयाष्टोत्तरशतनामावली

ॐ आञ्जनेयाय नमः ।

ॐ महावीराय नमः ।

ॐ हनुमते नमः ।

ॐ मारुतात्मजाय नमः ।

ॐ तत्त्वज्ञानप्रदाय नमः ।

ॐ सीतादेवीमुद्राप्रदायकाय नमः ।

ॐ अशोकवनिकाच्छेत्रे नमः ।

ॐ सर्वमायाविभञ्जनाय नमः ।

ॐ सर्वबन्धविमोक्त्रे नमः ।

ॐ रक्षोविध्वंसकारकाय नमः । १०

ॐ परविद्यापरिहर्त्रे नमः ।

ॐ परशौर्यविनाशनाय नमः ।

ॐ परमन्त्रनिराकर्त्रे नमः ।

ॐ परयंत्रप्रभेदकाय नमः ।

ॐ सर्वग्रहविनाशकाय नमः ।

ॐ भीमसेनसहाय्यकृते नमः ।

ॐ सर्वदुःखहराय नमः ।

ॐ सर्वलोकचारिणे नमः ।

ॐ मनोजवाय नमः ।

ॐ पारिजातद्रुमूलस्थाय नमः । २०

ॐ सर्वमन्त्रस्वरूपवते नमः ।

ॐ सर्वतन्त्रस्वरूपिणे नमः ।

ॐ सर्वयन्त्रात्मिकाय नमः ।

ॐ कपीश्वराय नमः ।

ॐ महाकायाय नमः ।

ॐ सर्वरोगहराय नमः ।

ॐ प्रभवे नमः ।

ॐ बलसिद्धिकराय नमः ।

ॐ सर्वविद्यासम्पत्प्रदायकाय नमः ।

ॐ कपिसेनानायकाय नमः । ३०

ॐ भविष्यच्चतुराननाय नमः ।

ॐ कुमारब्रह्मचारिणे नमः ।

ॐ रत्नकुण्डलदीप्तिमते नमः ।

ॐ चञ्चलद्वालसन्नद्धलंबमानशिखोज्ज्वलाय नमः ।

ॐ गन्धर्वविद्यातत्त्वज्ञाय नमः ।

ॐ महाबलपराक्रमाय नमः ।

ॐ कारागृहविमोक्त्रे नमः ।

ॐ शृङ्खलाबन्धमोचकाय नमः ।

ॐ सागरोत्तारकाय नमः ।

ॐ प्राज्ञाय नमः । ४०

ॐ रामदूताय नमः ।

ॐ प्रतापवते नमः।

ॐ वानराय नमः।

ॐ केसरीसूनवे नमः।

ॐ सीताशोकनिवारणाय नमः।

ॐ अञ्जनागर्भसंभूताय नमः।

ॐ बालार्कसद्दशाननाय नमः।

ॐ विभीषणप्रियकराय नमः।

ॐ दशग्रीवकुलांतकाय नमः।

ॐ लक्ष्मणप्राणदात्रे नमः। ५०

ॐ वज्रकायाय नमः।

ॐ महाद्युतये नमः।

ॐ चिरञ्जीविने नमः।

ॐ रामभक्ताय नमः।

ॐ दैत्यकार्यविघातकाय नमः।

ॐ अक्षहन्त्रे नमः।

ॐ काञ्चनाभाय नमः।

ॐ पञ्चवक्त्राय नमः।

ॐ महातपसे नमः।

ॐ लङ्किणीभञ्जनाय नमः। ६०

ॐ श्रीमते नमः।

ॐ सिंहिकाप्राणभञ्जनाय नमः।

ॐ गन्धमादनशैलस्थाय नमः।

ॐ लङ्कापुरविदाहकाय नमः।

ॐ सुग्रीवसचिवाय नमः।

ॐ धीराय नमः।

ॐ शूराय नमः ।

ॐ दैत्यकुलान्तकाय नमः ।

ॐ सुरार्चिताय नमः ।

ॐ महातेजसे नमः । ७०

ॐ रामचूडामणिप्रदाय नमः ।

ॐ कामरूपिणे नमः ।

ॐ पिङ्गलाक्षाय नमः ।

ॐ वर्धिमैनाकपूजिताय नमः ।

ॐ कबलीकृतमार्ताण्डमण्डलाय नमः ।

ॐ विजितेन्द्रियाय नमः ।

ॐ रामसुग्रीवसंधात्रे नमः ।

ॐ महिरावणमर्दनाय नमः ।

ॐ स्फटिकाभाय नमः ।

ॐ वागधीशाय नमः । ८०

ॐ नवव्याकृतिपण्डिताय नमः ।

ॐ चतुर्बाहवे नमः ।

ॐ दीनबन्धवे नमः ।

ॐ महात्मने नमः ।

ॐ भक्तवत्सलाय नमः ।

ॐ सञ्जीवननगाहर्त्रे नमः ।

ॐ शुचये नमः ।

ॐ वाग्मिने नमः ।

ॐ धृतव्रताय नमः ।

ॐ कालनेमिप्रमथनाय नमः । ९०

ॐ हरिर्मर्कट मर्कटाय नमः ।

ॐ दान्ताय नमः ।

ॐ शान्ताय नमः ।

ॐ प्रसन्नात्मने नमः ।

ॐ दशकण्ठमदापहाय नमः ।

ॐ योगिने नमः ।

ॐ रामकथालोलाय नमः ।

ॐ सीतान्वेषणपण्डिताय नमः ।

ॐ वज्रदंष्ट्राय नमः ।

ॐ वज्रनखाय नमः । १००

ॐ रुद्रवीर्यसमुद्भवाय नमः ।

ॐ इन्द्रजित्प्रहितामोघब्रह्मास्त्रविनिवर्तकाय नमः ।

ॐ पार्थध्वजाग्रसंवासाय नमः ।

ॐ शरपञ्जरहेलकाय नमः ।

ॐ दशबाहवे नमः ।

ॐ लोकपूज्याय नमः ।

ॐ जाम्बवत्प्रीतिवर्धनाय नमः ।

ॐ सीतासमेतश्रीरामपादसेवाधुरंधराय नमः । १०८

॥ इति श्रीमद्-आञ्जनेयाष्टोत्तरशतनामावली सम्पूर्णा ॥

अध्याय - २२

विभिन्न पाठ - स्तोत्र, चालीसा, आरती आदि

॥ श्रीघटिकाचलहनुमत्स्तोत्रम् ॥

शङ्खचक्रधरं देवं घटिकाचलवासिनम्।
योगारूढं ह्याञ्जनेयं वायुपुत्रं नमाम्यहम्॥ १॥

भक्ताभीष्टप्रदातारं चतुर्बाहुविराजितम्।
दिवाकरद्युतिनिभं वन्देऽहं पवनात्मजम्॥ २॥

कौपीनमेखलासूत्रं स्वर्णकुण्डलमण्डितम्।
लङ्घिताब्धिं रामदूतं नमामि सततं हरिम्॥ ३॥

दैत्यानां नाशनार्थाय महाकायधरं विभुम्।
गदाधरकरो यस्तं वन्देऽहं मारुतात्मजम्॥ ४॥

नृसिंहाभिमुखो भूत्वा पर्वताग्रे च संस्थितम्।
वाञ्छन्तं ब्रह्मपदवीं नमामि कपिनायकम्॥ ५॥

बालादित्यवपुष्कं च सागरोत्तारकारकम्।
समीरवेगं देवेशं वन्दे ह्यमितविक्रमम्॥ ६॥

पद्मरागारुणमणिशोभितं कामरूपिणम्।
पारिजाततरुस्थं च वन्देऽहं वनचारिणम्॥ ७॥

रामदूत नमस्तुभ्यं पादपद्मार्चनं सदा ।
देहि मे वाञ्छितफलं पुत्रपौत्रप्रवर्धनम् ॥ ८ ॥

इदं स्तोत्रं पठेन्नित्यं प्रातःकाले द्विजोत्तमः ।
तस्याभीष्टं ददात्याशु रामभक्तो महाबलः ॥ ९ ॥

॥ श्रीहनुमद्वडवानलस्तोत्रम् ॥

श्रीगणेशाय नमः ।
ॐ अस्य श्रीहनुमद्वडवानलस्तोत्रमन्त्रस्य
श्रीरामचन्द्र ऋषिः, श्रीवडवानलहनुमान देवता,
(श्रीहनुमान वडवानल देवता)
ह्रां बीजं, ह्रीं शक्तिः, सौं कीलकं, मम समस्तविघ्नदोषनिवारणार्थे,
सर्वशत्रुक्षयार्थे, सकलराजकुलसंमोहनार्थे,
मम समस्तरोगप्रशमनार्थे, आयुरारोग्यैश्वर्याभिवृद्ध्यर्थे,
समस्तपापक्षयार्थे, श्रीसीतारामचन्द्रप्रीत्यर्थे
हनुमद्वडवानलस्तोत्रजपे विनियोगः (सङ्कल्पः) ॥

अथ ध्यानम् ।
मनोजवं मारुततुल्यवेगं जितेन्द्रियं बुद्धिमतां वरिष्ठम् ।
वातात्मजं वानरयूथमुख्यं श्रीरामदूतं शरणं प्रपद्ये ॥

ॐ ह्रां ह्रीं ॐ नमो भगवते श्री महाहनुमते प्रकटपराक्रम
सकलदिङ्मण्डलयशोवितानधवलीकृतजगत्त्रितय वज्रदेह
रुद्रावतार लङ्कापुरीदहन उमा-अमल-मन्त्र (उमा-अर्गल-मन्त्र)

उदधिबन्धन दशशिरःकृतान्तक सीताश्वसन वायुपुत्र
अञ्जनीगर्भसम्भूत श्रीरामलक्ष्मणानन्दकर कपिसैन्यप्राकार
सुग्रीवसाह्यरण पर्वतोत्पाटन कुमारब्रह्मचारिन् गभीरनाद
सर्वपापग्रहवारण सर्वज्वरोच्चाटन डाकिनीविध्वंसन
ॐ ह्रां ह्रीं ॐ नमो भगवते महावीरवीराय सर्वदुःखनिवारणाय
ग्रहमण्डलसर्वभूतमण्डलसर्वपिशाचमण्डलोच्चाटन
भूतज्वरएकाहिकज्वरद्व्याहिकज्वरत्र्याहिकज्वरचातुर्थिकज्वर-
सन्तापज्वरविषमज्वरतापज्वरमाहेश्वरवैष्णवज्वरान् छिन्धि छिन्धि
यक्षब्रह्मराक्षसभूतप्रेतपिशाचान् उच्चाटय उच्चाटय (स्वाहा)।

ॐ ह्रां ह्रीं ॐ नमो भगवते श्रीमहाहनुमते
ॐ ह्रां ह्रीं ह्रूं ह्रैं ह्रौं ह्रः आं हां हां हां हां ॐ सौं एहि एहि एहि
ॐ हं ॐ हं ॐ हं ॐ हं ॐ नमो भगवते श्रीमहाहनुमते
श्रवणचक्षुर्भूतानां शाकिनीडाकिनीनां विषमदुष्टानां
सर्वविषं हर हर आकाशभुवनं भेदय भेदय
छेदय छेदय मारय मारय शोषय शोषय मोहय मोहय
ज्वालय ज्वालय प्रहारय प्रहारय सकलमायां भेदय भेदय (स्वाहा)।

ॐ ह्रां ह्रीं ॐ नमो भगवते महाहनुमते सर्वग्रहोच्चाटन
परबलं क्षोभय क्षोभय सकलबन्धनमोक्षणं कुरु कुरु
शिरःशूलगुल्मशूलसर्वशूलान्निर्मूलय निर्मूलय
नागपाशानन्तवासुकितक्षककर्कोटककालियान्
यक्षकुलजलगतबिलगतरात्रिञ्चरदिवाचर सर्वान्निर्विषं
(यक्षकुलजगत् रात्रिञ्चर दिवाचर सर्पान्निर्विषं)
कुरु कुरु स्वाहा॥

राजभयचोरभयपरमन्त्रपरयन्त्रपरतन्त्रपरविद्याश्छेदय छेदय
स्वमन्त्रस्वयन्त्रस्वतन्त्रस्वविद्याः प्रकटय प्रकटय
सर्वारिष्टान्नाशय नाशय सर्वशत्रून्नाशय नाशय
असाध्यं साधय साधय हुं फट् स्वाहा ॥

॥ इति श्रीविभीषणकृतं हनुमद्वडवानलस्तोत्रं सम्पूर्णम् ॥

॥ श्रीरामावतार ॥

भये प्रगट कृपाला दीनदयाला कौसल्या हितकारी ।
हरषित महतारी मुनि मन हारी अद्भुत रूप बिचारी ॥

लोचन अभिरामा तनु घनस्यामा निज आयुध भुज चारी ।
भूषन वनमाला नयन बिसाला सोभासिन्धु खरारी ॥

कह दुइ कर जोरी अस्तुति तोरी केहि बिधि करौं अनंता ।
माया गुन ग्यानातीत अमाना वेद पुरान भनंता ॥

करुना सुख सागर सब गुन आगर जेहि गावहिं श्रुति संता ।
सो मम हित लागी जन अनुरागी भयौ प्रकट श्रीकंता ॥
ब्रह्मांड निकाया निर्मित माया रोम-रोम प्रति बेद कहै ।
मम उर सो बासी यह उपहासी सुनत धीर मति थिर न रहै ॥

उपजा जब ग्याना प्रभु मुसुकाना चरित बहुत बिधि कीन्ह चहै ।
कहि कथा सुहाई मातु बुझाई जेहि प्रकार सुत प्रेम लहै ॥

माता पुनि बोली सो मति डोली तजहु तात यह रूपा।
कीजे सिसुलीला अति प्रियसीला यह सुख परम अनूपा ॥

सुनि बचन सुजाना रोदन ठाना होइ बालक सुरभूपा।
यह चरित जे गावहि हरिपद पावहि ते न परहिं भवकूपा ॥

विप्र धेनु सुर संत हित लिन्ह मनुज अवतार,
निज इच्छा निर्मित तनु माया गुन गोपार ॥
॥ श्रीरामचन्द्र भगवान् की जय ॥

॥ गोस्वामी श्री तुलसीदासकृत श्रीराम स्तुति ॥

॥ दोहा ॥

श्री रामचन्द्र कृपालु भजुमन हरण भवभय दारुणं।
नव कंज लोचन कंज मुख कर कंज पद कंजारुणं ॥१ ॥

कन्दर्प अगणित अमित छवि नव नील नीरद सुन्दरं।
पटपीत मानहुँ तड़ित रुचि शुचि नोमि जनक सुतावरं ॥२ ॥

भजु दीनबन्धु दिनेश दानव दैत्य वंश निकन्दनं।
रघुनन्द आनन्द कन्द कोशल चन्द दशरथ नन्दनं ॥३ ॥

शिर मुकुट कुंडल तिलक चारु उदारु अङ्ग विभूषणं।
आजानु भुज शर चाप धर संग्राम जित खरदूषणं ॥४ ॥

इति वदति तुलसीदास शङ्कर शेष मुनि मन रंजनं ।
मम हृदय कंज निवास कुरु कामादि खलदल गंजनं ॥५॥

मन जाहि राच्यो मिलहि सो वर सहज सुन्दर सांवरो ।
करुणा निधान सुजान शील सनेहु जानत रावरो ॥६॥

एहि भांति गौरी असीस सुन सिय सहित हिय हरषित अली ।
तुलसी भवानिहि पूजी पुनि-पुनि मुदित मन मन्दिर चली ॥७॥

॥सोरठा॥

जानी गौरी अनुकूल सिय हिय हरषु न जाइ कहि ।
मंजुल मंगल मूल वाम अङ्ग फरकन लगे ।
॥ सियावर रामचन्द्र भगवान् की जय ॥

॥ गोस्वामी श्री तुलसीदासविरचित श्रीहनुमान चालीसा ॥

॥दोहा॥

श्रीगुरु चरन सरोज रज, निज मनु मुकुरु सुधारि ।
बरनउँ रघुबर बिमल जसु, जो दायकु फल चारि ॥
बुद्धिहीन तनु जानिकै, सुमिरौं पवनकुमार ।
बल बुधि बिद्या देहु मोहिं, हरहु कलेस बिकार ॥

॥चौपाई॥

जय हनुमान ज्ञान गुन सागर । जय कपीस तिहुँ लोक उजागर ॥
राम दूत अतुलित बल धामा । अंजनिपुत्र पवनसुत नामा ॥
महाबीर बिक्रम बजरंगी । कुमति निवार सुमति के संगी ॥

कंचन बरन बिराज सुबेसा । कानन कुंडल कुंचित केसा ॥
हाथ बज्र औ ध्वजा बिराजै । काँधे मूँज जनेऊ साजै ॥
संकर सुवन केसरीनंदन । तेज प्रताप महा जग बंदन ॥
बिद्यावान गुनी अति चातुर । राम काज करिबे को आतुर ॥
प्रभु चरित्र सुनिबे को रसिया । राम लखन सीता मन बसिया ॥
सूक्ष्म रुप धरि सियहिं दिखावा । बिकट रुप धरि लंक जरावा ॥
भीम रुप धरि असुर सँहारे । रामचन्द्र के काज सँवारे ॥
लाय सजीवन लखन जियाये । श्रीरघुबीर हरषि उर लाये ॥
रघुपति कीन्ही बहुत बड़ाई । तुम मम प्रिय भरतहि सम भाई ॥
सहस बदन तुम्हरो जस गावैं । अस कहि श्रीपति कंठ लगावैं ॥
सनकादिक ब्रह्मादि मुनीसा । नारद सारद सहित अहीसा ॥
जम कुबेर दिगपाल जहाँ ते । कबि कोबिद कहि सके कहाँ ते ॥
तुम उपकार सुग्रीवहिं कीन्हा । राम मिलाय राजपद दीन्हा ॥
तुम्हरो मंत्र बिभीसन माना । लंकेस्वर भए सब जग जाना ॥
जुग सहस्र जोजन पर भानू । लील्यो ताहि मधुर फल जानू ॥
प्रभु मुद्रिका मेलि मुख माहीं । जलधि लाँघि गये अचरज नाहीं ॥
दुर्गम काज जगत के जेते । सुगम अनुग्रह तुम्हरे तेते ॥
राम दुआरे तुम रखवारे । होत न आज्ञा बिनु पैसारे ॥
सब सुख लहै तुम्हारी सरना । तुम रच्छक काहू को डर ना ॥
आपन तेज सम्हारो आपै । तीनों लोक हाँक ते काँपै ॥
भूत पिसाच निकट नहिं आवै । महाबीर जब नाम सुनावै ॥
नासै रोग हरै सब पीरा । जपत निरंतर हनुमत बीरा ॥
संकट तें हनुमान छुड़ावै । मन क्रम बचन ध्यान जो लावै ॥
सब पर राम तपस्वी राजा । तिन के काज सकल तुम साजा ॥
और मनोरथ जो कोई लावै । सोइ अमित जीवन फल पावै ॥

चारों जुग परताप तुम्हारा । है परसिद्ध जगत उजियारा ॥
साधु संत के तुम रखवारे । असुर निकंदन राम दुलारे ॥
अष्ट सिद्धि नव निधि के दाता । अस बर दीन जानकी माता ॥
राम रसायन तुम्हरे पासा । सदा रहो रघुपति के दासा ॥
तुम्हरे भजन राम को पावै । जनम जनम के दुख बिसरावै ॥
अंत काल रघुबर पुर जाई । जहाँ जन्म हरि-भक्त कहाई ॥
और देवता चित्त न धरई । हनुमत सेइ सर्ब सुख करई ॥
संकट कटै मिटै सब पीरा । जो सुमिरै हनुमत बलबीरा ॥
जै जै जै हनुमान गोसाईं । कृपा करहु गुरुदेव की नाईं ॥
जो सत बार पाठ कर कोई । छूटहि बंदि महासुख होई ॥
जो यह पढ़ै हनुमान चलीसा । होय सिद्धि साखी गौरीसा ॥
तुलसीदास सदा हरि चेरा । कीजै नाथ हृदय महँ डेरा ॥

॥ दोहा ॥

पवनतनय संकट हरन, मंगल मूरति रुप ।
राम लखन सीता सहित, हृदय बसहु सुरभूप ॥

॥ सियावर रामचन्द्र की जय ॥ ॥ पवनसुत हनुमान की जय ॥
॥ उमापति महादेव की जय ॥ ॥ बोलो भइ सब संतन की जय ॥
॥ बागेश्वर धाम की जय ॥ ॥ भारत हिंदू राष्ट्र की जय ॥

॥ गोस्वामी श्री तुलसीदासकृत श्री हनुमान जी की आरती ॥

आरती कीजै हनुमान लला की । दुष्ट दलन रघुनाथ कला की ॥

जाके बल से गिरिवर काँपे । रोग-दोष जाके निकट न झाँके ॥
अंजनि पुत्र महा बलदाई । संतन के प्रभु सदा सहाई ॥

दे बीरा रघुनाथ पठाए। लंका जारि सिया सुधि लाये॥
लंका सो कोट समुद्र सी खाई। जात पवनसुत बार न लाई॥

लंका जारि असुर संहारे। सियारामजी के काज सँवारे॥
लक्ष्मण मुर्छित पड़े सकारे। लाये संजिवन प्राण उबारे॥

पैठि पाताल तोरि जमकारे। अहिरावण की भुजा उखारे॥
बाईं भुजा असुर दल मारे। दाहिने भुजा संतजन तारे॥

सुर-नर-मुनि आरती उतारें। जय जय जय हनुमान जी उचारें॥
कंचन थार कपूर लौ छाई। आरती करत अंजना माई॥

जो हनुमान जी की आरती गावे। बसि बैकुंठ परम पद पावे॥
लंक विध्वंस किये रघुराई। तुलसीदास प्रभु कीर्ति गाई॥

आरती कीजै हनुमान लला की। दुष्ट दलन रघुनाथ कला की॥

॥ बागेश्वर बालाजी हनुमान जी महाराज की जय॥

हमारा बागेश्वर धाम

॥ श्री बागेश्वर धाम पावन तीर्थ ॥

श्री बागेश्वर धाम पावन तीर्थ का प्रादुर्भाव, परिचय एवं महिमा →

हमारा भारत ऋषि-मुनियों का देश है, देवों की तपोभूमि है। यहां एक-से-एक दिव्य चेतना पुरुष, महापुरुष होते रहे हैं। यहां अनेकों पावन तीर्थ हैं। उन अनेकों पावन तीर्थों में से वर्तमान कलयुग का एक जागृत तीर्थस्थान है 'श्री बागेश्वर धाम पावन तीर्थ'। जहां साक्षात् स्वयंभू श्री बागेश्वर बालाजी, श्री बागेश्वर महादेव एवं श्री बागेश्वर धाम पावन तीर्थ की परम्परा के प्रवर्तक, सद्गुरु भगवान् श्री संन्यासी बाबा की तपोस्थली है। यह चंदेलकालीन दिव्य-स्थल मध्यप्रदेश में खजुराहो के निकट, छतरपुर ज़िले के एक छोटे से ग्राम गढ़ा में स्थित है, जिसे आज 'श्री बागेश्वर धाम पावन तीर्थ' के नाम से जाना जाता है।

यहां पर संतों की मान्यता एवं भारतीय पुरातत्त्व विभाग के अनुसार एक हज़ार वर्ष प्राचीन स्वयंभू महादेव भगवान् का मंदिर है। यहां के संत श्री संन्यासी बाबा के तपोबल के प्रभाव से लगभग ३२५ वर्ष पूर्व श्री बागेश्वर बालाजी यहां प्रकट हुए थे। स्वयंभू श्री बागेश्वर हनुमान जी महाराज के दर्शन करने के लिए समूचे भारत के साथ-साथ देश-विदेश से अनुयायी अपनी आस्था एवं श्रद्धा से अपनी मान्यता लेकर यहां आते हैं। जो जैसी मनोभावना लेकर आते हैं उनके जीवन में वैसे ही श्री बागेश्वर बालाजी कृपा करते हैं व उनके मनोरथ पूर्ण होते हैं, यहां से कोई भी ख़ाली हाथ नहीं गया। श्री बागेश्वर धाम लाखों श्रद्धालुओं की आस्था और श्रद्धा का केंद्र है। नकारात्मक ऊर्जा से ग्रसित व्यक्ति यहां आकर सकारात्मक ऊर्जा को प्राप्त करते हैं। साधक अपनी

साधना की सिद्धि की पूर्ति करते हैं। अर्जी बांधने के बाद श्री बागेश्वर धाम के नियमों का पालन करते हुए मंगलवार अथवा शनिवार की इक्कीस पेशी व परिक्रमा करने पर बिना परचा बने ही अर्जी स्वीकार हो जाती है, काम सफल हो जाता है। यहां माता अन्नपूर्णा की स्थापना है, जहां नित्य-प्रतिदिन भंडारा चलता रहता है। श्री बागेश्वर धाम पर प्रमुख दर्शन –

१. श्री बागेश्वर धाम पावन तीर्थ का दर्शन,

२. श्री बागेश्वर महादेवजी का दर्शन,

३. श्री बागेश्वर बालाजी का दर्शन और

४. श्री संन्यासी बाबा की तपोभूमि का समाधिस्थल दर्शन।

श्री प्रेतराज सरकार →

श्री बागेश्वर बालाजी के बगल में श्री प्रेतराज सरकार का बड़ा अद्भुत बाधाहरण वृक्ष है। श्री संन्यासी बाबा ने अपनी समस्त शक्तियाँ अर्जित करके इसी वृक्ष में प्रवेश करा दी थीं। इस वृक्ष की ऐसी महिमा है कि इसको स्पर्श करते ही अथवा इससे चिपकते ही समस्त नकरात्मक ऊर्जा खिंच जाती है। और नकारात्मक ऊर्जा से ग्रसित व्यक्ति इक्कीस पेशी में ठीक हो जाता है।

॥ श्री बागेश्वर बालाजी सनातन मठ महाराष्ट्र ॥

महाराष्ट्र एवं आसपास के क्षेत्रों में श्री बागेश्वर धाम के भक्तों की संख्या बहुत बढ़ गई है। बहुत से भक्त तो दर्शन के लिए श्री बागेश्वर धाम गढ़ा गाँव, म.प्र. चले जाते हैं, लेकिन कई लोग आ नहीं पाते हैं। महाराष्ट्र एवं आसपास के भक्तों के दैहिक-मानसिक-दैविक-भौतिक दुःखों, कष्टों, बाधाओं का निवारण हो, सभी की अर्जियां शीघ्रातिशीघ्र स्वीकार हों, नियमित रूप से भक्तों को श्री बागेश्वर हनुमान जी के दर्शन के लिए उन्हें लंबी यात्रा न करनी पड़े ऐसा विचार करके भिवंडी, मुंबई में 'श्री बागेश्वर बालाजी सनातन मठ, महाराष्ट्र' मंदिर की स्थापना १४ अप्रैल २०२५ को प्राण प्रतिष्ठा के साथ हुई।

एक दूध पीता बछड़ा जितना अपनी गौमाता के लिए तड़पता है, उससे कई गुना अधिक उसकी स्नेहमयी गौमाता अपने बछड़े के लिए तड़पती है, साँझ होते ही रभाँति हुई दौड़ते हुए अपने बछड़े के पास आती है। इसी प्रकार, जितना एक भक्त अपने भगवान् के दर्शन के लिए तड़पता है उससे सहस्र गुना अधिक भगवान् अपने भक्तों से मिलने के लिए तड़पते हैं। भगवान् कभी भी अपने भक्तों से दूर नहीं रह पाते, एक ममतामयी माँ की तरह अपने भक्तों को पग-पग पर संभालते रहते हैं; परम पूज्य 'श्री बागेश्वर धाम सरकार' भी कहाँ अपने भक्तों से दूर रह सकते हैं? जब-जब महाराष्ट्र वालों ने उनको पुकारा है, वे दौड़े चले आते हैं। वे अधिक-से-अधिक समय अपने भक्तों के साथ बिताना चाहते हैं। महाराष्ट्र में 'श्री बागेश्वर बालाजी सनातन मठ' की स्थापना का दूसरा कारण है, परम पूज्य 'श्री बागेश्वर धाम सरकार' का जो 'हिंदू राष्ट्र' का सपना है, छत्रपति वीर शिवाजी महाराज का भी वही सपना था 'हिंदवी स्वराज्य'।

॥ श्री बागेश्वर धाम की परम्परा ॥

परम पूज्य संत श्री संन्यासी बाबा →

लगभग ३२५ वर्ष पूर्व गर्ग गोत्रीय शुक्लवंश की सरयूपारीय ब्राह्मण परम्परा में वर्तमान समय के पीठाधीश्वर परम पूज्य पं. श्री धीरेंद्र कृष्ण शास्त्रीजी के दादाजी (दादागुरुजी) के गुरुदेव श्री भगवानदास गर्ग जी यानि श्री संन्यासी बाबा अपने समय के एक सिद्ध चेतना पुरुष व राजगुरु हुए, जिनसे श्री बागेश्वर बालाजी की कृपा हम सबको प्राप्त होती है। किसी कारणवश संसार से उनका मोहभंग हुआ। उन्होंने हठ-तप बल का प्रयोग करके एक पैर पर खड़े होकर श्रीहनुमान चालीसा के सवा करोड़ पाठ किये थे। उनके तपोबल व तपस्या के फलस्वरूप श्री बालाजी महाराज ने स्वप्न में उन्हें साक्षात्कार दिया और वृक्ष के बीच से श्री संन्यासी बाबा को श्री बागेश्वर बालाजी का विग्रह प्राप्त हुआ। श्री संन्यासी बाबा ने उस विग्रह को विधिवत्

स्थापित किया। बालाजी ने उन्हें आज्ञा दी कि आज के बाद तुम्हारे वंश की पीढ़ी-दर-पीढ़ी हमारी सेवा करेगी और उन्होंने वचन दिया कि यहां जो भी आएगा उसकी मनोकामना पूरी होगी। यहां जो भी ख़ाली हाथ आएगा झोली भरकर जाएगा; रोता हुआ आएगा, हँसता हुआ जाएगा।

इस प्रकार श्री बागेश्वर धाम पर दिव्य-दरबार व पर्चे की परम्परा आरंभ हुई। उसी दिन से नित्य-प्रतिदिन यहां जन-सैलाब बढ़ने लगा और देश-विदेश में श्री बालाजी की महिमा स्थापित हुई। श्री संन्यासी बाबा आज भी सूक्ष्म रूप में पूरे धाम पर विचरण किया करते हैं और नित्य-प्रतिदिन श्री बागेश्वर महादेव व श्री बालाजी के दर्शन और सेवा करते हैं।

परम पूज्य दादागुरु पं. श्री सेतुलाल गर्ग जी →

श्री संन्यासी बाबा के पोते एवं वर्तमान पीठाधीश्वर पं. श्री धीरेंद्र कृष्ण शास्त्रीजी के दादाजी अनंत श्री विभूषित, गोलोक वासी संत श्री सेतुलाल गर्गजी ने परम पूज्य श्री संन्यासी बाबा की साधना की, जिससे उनको कृपा प्राप्त हुई। फिर उन्होंने दरबार की परम्परा को आगे बढ़ाया जो सन् २०१० तक लगभग ४० वर्ष चली। २०१० में उनके काशीवास होने के पूर्व सन् २००८ - २००९ के मध्य में उन्होंने अपने वंशज श्री धीरेन्द्र कृष्ण को परम्पराधिकारी चुना।

परम पूज्य पं. श्री धीरेन्द्र कृष्ण शास्त्री जी →

वर्तमान में अपने गुरु श्री दादागुरुजी की परम्परा को चलाने वाले, संतों के लाडले एवं श्री बागेश्वर हनुमान जी के प्रिय कृपापात्र परम पूज्य पं. श्री धीरेन्द्र कृष्ण शास्त्री जी हैं, जिन्हें सभी 'श्री बागेश्वर धाम सरकार' के नाम से जानते हैं। पं. श्री धीरेन्द्र जी उस परंपरा के अनुयायी हैं जिसको श्री संन्यासी बाबा ने आरम्भ किया था। इस प्रकार सिद्धि की यह परंपरा परम पूज्य श्री संन्यासी बाबा व श्री दादा गुरुजी से होते हुए पं. श्री धीरेन्द्र जी तक पीढ़ी-दर-पीढ़ी

चली आ रही है, जो श्रद्धालुओं के दैहिक, मानसिक, भौतिक और दैविक कष्टों के निराकरण की माध्यम है। पं. श्री धीरेन्द्र जी भारतवर्ष के सर्वश्रेष्ठ कथाकारों में से एक हैं जो श्रीमद्भागवतम्, श्रीरामकथा, श्रीहनुमंतकथा और श्रीभक्तमाल जैसे पावन चरित्र सुनाकर, हिन्दुत्व के प्रति लोगों को जाग्रत करके उनमें ईश्वर के प्रति प्रेम जगा रहे हैं।

श्री बागेश्वर धाम का प्रमुख संकीर्तन →

सीताराम हनुमान। सीताराम हनुमान।
सीताराम हनुमान। सीताराम हनुमान।

अब तो कृपा करो राम। अब तो दया करो राम।
हरि शरण में लो ! गुरुजी शरण में लो !
मेरी डूबती नैया पार करो।

सीताराम हनुमान। सीताराम हनुमान।
सीताराम हनुमान। सीताराम हनुमान।

॥ श्री बागेश्वर धाम के मंत्र ॥

श्री बागेश्वर धाम का मूलमंत्र →

ॐ बागेश्वराय नमः !

प्रेतबाधा दूर भगाने के लिए बीजमंत्र →

ॐ बं बागेश्वराय वीरवीराय हुँ फट स्वाहा !

श्री बागेश्वर धाम के नियम →

मांस-मदिरा, प्याज़-लहसुन का सेवन वर्जित है।

श्री बागेश्वर धाम की मंगल अथवा शनिवार की इक्कीस पेशी व परिक्रमा।

इक्कीस पेशी पूर्ण होने पर कन्या-भोज करने पर कार्य की सिद्धि होती है।

॥ श्री बागेश्वर धाम की सेवाएं ॥

नर सेवा ही नारायण सेवा है।

१. अन्नपूर्णा भंडारा →

बागेश्वर धाम में सेवा के रूप में प्रतिदिन निःशुल्क अन्नपूर्णा भंडारा चलता है, जहां हज़ारों श्रद्धालु भक्तगण प्रतिदिन निःशुल्क भंडारा पाते हैं। और मंगलवार व शनिवार को एक से डेढ़ लाख लोग धाम पर आते हैं व निःशुल्क भंडारा पाते हैं। अन्नपूर्णा भंडारा सन् २०२० फरवरी में प्रारंभ किया गया। यह बुन्देलखण्ड का सबसे बड़ा हाईटेक माँ अन्नपूर्णा भंडारा है।

२. कन्यादान →

धाम की चढ़ोत्री से प्रतिवर्ष निर्धन और बेसहारा कन्याओं का विवाह किया जाता है। बागेश्वर धाम की परंपरा में पीढ़ियों से, संन्यासी बाबा, दादा गुरुजी की परंपरा से एक नियम रहा है कि यहां पर आने वाली दान-पात्र की चढ़ोत्री, मिलने वाली दक्षिणा को निजी जीवन में ख़र्च नहीं कर सकते हैं। दादा गुरुजी व संन्यासी बाबा की प्रेरणा से पूज्य गुरुदेव ने यह संकल्प लिया कि दान-पात्र से आने वाली चढ़ोत्री से मंदिर-मठ का निर्माण नहीं किया जाएगा। दान-पात्र की समस्त राशि से हर वर्ष महाशिवरात्रि को बेसहारा, निर्धन बेटियों का विवाह करवाया जाता है। यह संकल्प सन् २०२० में सूक्ष्म रूप से प्रारम्भ हुआ। कोरोना काल की महामारी के कारण निर्धन परिवार अपनी बेटियों के विवाह के लिए अति परेशान थे। महामारी के दौरान सन् २०२० में १८ बेटियों का विवाह संपन्न हुआ। सन् २०२१ में २१ बेटियों का, सन् २०२२ में १०८ का, सन् २०२३ में १२५ बेटियों का और सन् २०२४ में १५५ बेटियों

का विवाह संपन्न हुआ, जिसमें प्रत्येक बेटी को गृहस्थी की सामग्री के साथ-साथ एक-एक मोटरसाइकल भी दी गयी थी। सन् २०२५ मे २५५ बेटियों का विवाह संपन्न हुआ।

३. वृक्षारोपण →

प्रकृति ही परमात्मा है। प्रकृति के बिना कुछ नहीं। इस ध्येय को रखते हुए बागेश्वर धाम पीठाधीश्वर परम पूज्य श्री गुरुदेव ने ११ लाख वृक्षारोपण का संकल्प लिया है।

४. वनवासियों, आदिवासियों के मध्य कथा →

बागेश्वर धाम पीठाधीश्वर परम पूज्य श्री गुरुदेव भगवान् बागेश्वर धाम के निजी ख़र्च से अर्थात्, बागेश्वर धाम पर आने वाली चढ़ोत्तरी से, स्वयं का पंडाल, टेंट, भंडारे आदि की व्यवस्था करके वंचित वनवासियों के मध्य में जाकर भगवत् कथा करते हैं। ये वो उपेक्षित स्थान हैं, वो उपेक्षित लोग हैं जहां कोई कथाव्यास आज तक नहीं गया। उनके मध्य भगवत् चर्चा, सनातन की महिमा सुना कर, भगवत् कथा के मंचों पर उनको बुला कर, उनसे आरती करवाकर, उनका भी मान बढ़ाया। उनका मान बढ़ाकर उनको भी सनातन से जोड़ा। अन्य मंदिरों के साथ-साथ माता शबरी के मंदिरों का निर्माण करवाया। सामान्यतया भारत के ऐसे वनवासी और आदिवासी क्षेत्र धर्मांतरण कराने वाली शक्तियों के लिए चारागाह बनते हैं। इसलिए पूज्य गुरुदेव ने ऐसे स्थानों पर जाकर सनातन जागृति करने का झंडा बुलंद किया और धर्मांतरण शक्तियों को उनके गढ़ में जाकर ललकारा।

५. कथा वाचन →

पूज्य गुरुदेव सामाजिक सेवाओं के साथ-साथ आध्यात्मिक सेवा में मधुर

शैली के द्वारा लोगों को मोहित कर लेते हैं। उनका ऐसा विचार है कि भारत में कथावाचन एक ऐसा मार्ग है जिसके माध्यम से हम लाखों लोगों तक अपनी बात पहुंचा सकते हैं। सनातन के संकल्पों व सूत्रों को पहुंचा सकते हैं। इसलिए देश भर में यात्रा करते हुए, संपूर्ण भारत में जा-जा कर सबको जगा रहे हैं, कथा का आयोजन कर रहे हैं। पूज्य गुरुदेव भगवान् ने भारत भर में व विदेशों में भ्रमण कर कई स्थानों पर कथाएं की हैं – भारत में उ. प्र., म. प्र., राजस्थान, महाराष्ट्र, गुजरात, बिहार, तमिलनाडु, कर्नाटक, उड़ीसा के अनेक नगरों में; और विदेशों में - हैरो, वेम्बली, लेस्टर लंदन, यूके; मेलबर्न, सिडनी, ब्रिसबेन ऑस्ट्रेलिया; फीजी, न्यूज़ीलैंड, दुबई आदि।

६. हिंदुत्व जागरण का दिव्य संकल्प →

पूज्य गुरुदेव के हिंदुत्व जागरण के दिव्य संकल्प के लिए समूचे हिंदू सनातनी समाज को अब पूज्य पूज्य गुरुदेव के साथ खड़ा होना पड़ेगा। विदेशी आक्रांताओं ने हमारे भोले-भाले लोगों को बहला-फुसलाकर, बरग़ला कर, लोभ-लालच दिखा कर धर्मांतरण के काल-व्याल के मुख में डाला है। हमारे इन भोले-भाले लोगों को इन आक्रांताओं के चंगुल से बाहर निकालने के लिए पूज्य गुरुदेव ने सनातन हिंदू एकता का दिव्य व अनूठा संकल्प लिया है। भारत की किसी व्यास पीठ से पहली बार इस प्रकार का संकल्प उठाया गया है। पूज्य गुरुदेव का ध्येय है –

चाहे पंथ अनेक हों,
पर हम सब हिंदू एक हों।

पूज्य गुरुदेव ने जात-पाँत का नाता तोड़कर हम सब सनातनियों को एक होने का ध्येय दिया है। पूज्य गुरुदेव अपनी कथाओं में लाखों लोगों को दिव्य संकल्प दिलाकर, शपथ दिलाकर एकत्रित कर रहे हैं, जो आज समूचे

भारत के साथ-साथ पूरे विश्व में क्रांति बनी हुई है। पूज्य गुरुदेव की इस सेवा का नाम है - हिंदुत्व जागरण।

७. सनातन एकता पदयात्रा →

जात-पाँत और भेद-भाव को जड़ से हमें मिटाना है;

हमें भारत भव्य बनाना है; हमें भारत दिव्य बनाना है।

'सनातन एकता पदयात्रा' सामाजिक सरोकार के साथ, जात-पाँत, पंथ-कुपंथ, छूत-अछूत, अगड़ा-पिछड़ा के भेदभाव को मिटाने और सुदृढ हिंदू समाज गठित करने के लिए ग्रामीण-जन-संवाद व जन-जागृति अभियान है। चार पदयात्राएं –

१. श्री बागेश्वर धाम, जिला छतरपुर से श्री ओरछा धाम – नवंबर २१ से नवंबर २९, २०२४
२. दिल्ली से श्री वृंदावन धाम – अक्टूबर २०२५
३. (प्रस्तावित) लखनऊ से श्री अयोध्या धाम
४. (प्रस्तावित) बैल्लूर से श्री तिरुपति बालाजी धाम

इनके अलावा बिहार, महाराष्ट्र व अन्य राज्यों में भी पदयात्राएं।

८. सत्य सनातन साहित्य रचना अभियान →

सनातन के संरक्षण के लिए बाल-गोपालों से पूज्य गुरुदेव ने प्रारम्भ किया है; बच्चों को सनातन की परख होनी चाहिए कि - सनातन धर्म क्या है ? इसका मुंह तोड़ जवाब हमारे बच्चे दे पाएं। इसलिए पूज्य गुरुदेव ने सनातन साहित्य रचना अभियान के अंतर्गत प्रथम पुस्तक 'सनातन धर्म क्या है ?' का लेखन किया है।

'श्री बागेश्वर धाम सरकार' के सूत्र

1. इंसान को विद्वान नहीं विद्यावान होना चाहिए,
जीवन में अभिमान नहीं स्वाभिमान होना चाहिए,
धनवान नहीं इंसान को गुणवान होना चाहिए और
कोई हो दिल में या ना हो, पर इस दिल में हनुमान होना चाहिए।

2. हनुमान जी सिखाते हैं कि विवाद करने के पहले संवाद करो,
क्योंकि विवाद के बाद संवाद का रास्ता बंद हो जाता है।

3. इत्र से जीवन को मत महकाओ, चरित्र से जीवन को महकाओ।

4. चुप रहने में जो आनंद है वह बोलने में कहां,
हनुमत्-भक्ति में मन लगाने का ये पहला प्रयास है।

5. वो तैरते-तैरते डूब गये, जिन्हें ख़ुद पर गुमान था,
वो डूबते-डूबते पार हो गए जिन पर तू मेहरबान था।

6. पाप से बचना है तो जाप करें।

7. अगर तुम संत के पास जाओगे तो तुम्हें हनुमंत मिलेंगे,
और हनुमंत के मिलने से भगवंत का मिलना पक्का है।

8. परमात्मा, कृपा या सफलता खोजने से नहीं मिलती,
उसमें खो जाने से मिलती है।

9. गुरुदेव का पकड़ो आचरण और
परमात्मा के पकड़ो चरण;
कभी विफल नहीं होओगे।

10. ये तुम्हारा अभिमान है कि तुम पार हो जाओगे
ये तुम्हारा भय है कि तुम डूब जाओगे
अभिमान में नहीं रहना, भय में भी नहीं रहना
परमात्मा के स्वाभिमान में रहना।

11. ना तुम हाथ जोड़ने वालों के पीछे पड़ो,
ना भोंकने वाले कुत्तों के पीछे पड़ो,
अपना काम करते जाओ,
तुम जहां जाओगे वहां सम्मान पाते चले जाओगे।

12. जिसकी मन:स्थिति बदलती है उस के लिए पूरी सृष्टि बदलती है।

13. हम जैसे हैं हमें वैसा दिखना है।

14. ना तुम नास्तिक बनो, ना तुम आस्तिक बनो,
मेरी बात मानो तुम वास्तविक बनो।

15. भूल होना प्रकृति है,
भूल मान लेना संस्कृति है,
पर भूल को सुधारना ही प्रगति है।

16. यात्रा का मज़ा लेना है तो सामान कम रखिए और
ज़िंदगी जीने का मज़ा लेना है तो अरमान कम रखिए।

17. जो अच्छी आदतें अर्जित करता है,
बुरी आदतें विसर्जित करता है
वही इंसान इस दुनियाँ में महान् हो जाता है।

18. निराशा ही मृत्यु है और आशा ही जीवन है।

19. आप शान से परे हो जाओगे तो परेशान नहीं रहोगे।

20. अगर तुम्हें परेशानी से बचना है
तो भविष्य की चिंता त्याग दो,
भूत का पछतावा छोड़ दो,
वर्तमान में जीना प्रारंभ कर दो;
क्योंकि जो गया है वो मिल नहीं सकता,
जो आने वाला है वो तुरंत नहीं हो सकता,
पर जो है उसे मत खोओ।

21. इंसान घर बदलता, निवास बदलता, कपड़े बदलता, रिश्ते बदलता,
पर एक कमी रह जाती, इंसान खुद को नहीं बदलता;
अगर इंसान खुद को बदल ले
तो वो फ़कीरी में भी मुस्कुराता हुआ मौज लेगा।

22. हमें तन को नहीं चमकाना, भगवत् कथा से मन को चमकाना है।

23. भारत में भिक्षा की जगह शिक्षा पर ज़ोर दिया जाना चाहिए,
भिक्षा को बढ़ावा देंगे तो कंगाल बनेंगे,
शिक्षा को बढ़ावा देंगे तो विश्व गुरु बनेंगे।

24. ज़िंदगी प्रभाव में नहीं, ज़िंदगी को स्वभाव में जियो।

25. जो बुद्धू होता है वो निंदा करता है,
लेकिन जो बुद्ध होता है वो निदान करता है।

26. दुःख आए तो घबराओ मत,
सुख आए तो इतराओ मत,
दोनों में प्रसन्न रहना सीख लो,
इसी का नाम जीवन है।

27. एक प्रणाम हज़ारों परिणाम बदल सकता है।

28. किसी की मजबूरी पर मुस्कुराना नहीं,
किसी की मजबूरी पर खिलखिलना नहीं,
संकट में कभी घबराना नहीं,
याद रख उस मालिक को तू धीरेंद्र,
भूल कर भी कभी अधर्म की गली में जाना नहीं।

29 विवाद नहीं धन्यवाद होना चाहिए;
जहां विवाद है वहां रावण राज्य है, एवं
जहां संवाद और धन्यवाद है वहां राम राज्य है।

30 कथा मनोरंजन नहीं मनोभंजन करती है।

31 क्या आपने वो पाया
जिसको पाने के बाद कुछ पाया नहीं जाता ?!

32 भक्ति की खोज तभी हो सकती है
जब आपको कोई महात्मा प्राप्त हो जाए।

33 जिसका मन सच्चा होता है, उसका हर काम अच्छा होता है।

34 भागो मत, जागो।

35 कोई जल रहा हो तो जलने दो,
तुम अपना जलवा बरकरार रखो।

36 वो जीत किसी काम की नहीं
जिसमें अभिमान आ जाए।

37 जीत अगर अभिमान से जुड़े तो वो जीत बेकार है,
हार अगर भगवान् से जुड़े तो वो हार भी स्वीकार है।

38 गाड़ी कितनी भी बढ़िया हो पर इंजन ना होवे,
नदी कितनी भी बड़ी हो पर पानी ना होवे, किसी काम के नहीं।
उसी प्रकार तन बहुत बढ़िया हो पर मन सुंदर ना होवे
तो ये तन भी किसी काम का नहीं है।
वानर भी हनुमान हो सकता है,
तो गुरु कृपा मानकर, माता पिता की बात सुनकर
हमारा बालक भी महान् हो सकता है।

39 संसार के साधन जुटा लें तो सुविधा मिलती है, लेकिन
साधना जुटा लें तो आत्मा को शांति मिलती है,
परमात्मा की प्राप्ति मिलती है।

40 तन से मंदिर तक पहुंचा जा सकता है लेकिन
ईश्वर तक पहुंचने के लिए मन की आवश्यकता है।

श्री बागेश्वर धाम के आगामी संकल्प व योजनाएं

॥ श्री बागेश्वर धाम के संकल्प ॥

१. श्री बागेश्वर धाम पर चल रहा अन्नपूर्णा भंडारा, जहां हज़ारों श्रद्धालु भक्तगण प्रतिदिन निःशुल्क भंडारा पाते हैं।

२. धाम की चढ़ोत्री से प्रतिवर्ष निर्धन और बेसहारा कन्याओं का विवाह किया जाता है।

३. हिंदुत्व जागरण का संकल्प 'भारत हिंदू राष्ट्र'।

४. सामाजिक सेवाओं के साथ-साथ आध्यात्मिक सेवा 'आओ लौटें सनातन की ओर'।

५. पर्यावरण संरक्षण के लिए देशभर में बागेश्वर बगिया, सवा ग्यारह लाख वृक्षारोपण।

६. गोरक्षा -'गोशाला नहीं उपाय, एक हिन्दू एक गाय'।

७. बेसहारा बच्चों के लिए रहने-खाने से लेकर शिक्षा की व्यवस्था करना।

८. आदिवासियों के मध्य में कथा।

९. सनातन के संरक्षण के लिए सत्य सनातन साहित्य रचना अभियान।

१०. हिन्दू एकता पदयात्रा - सामाजिक सरोकार के साथ, जाति-पांति, पंथ-कुपंथ, छूत-अछूत, अगड़ा-पिछड़ा के भेदभाव को मिटाने और सुदृढ हिंदू समाज गठित करने के लिए ग्रामीण जन संवाद व जन जागृति अभियान।

११. नर सेवा ही नारायण सेवा।

॥ श्री बागेश्वर धाम की आगामी योजनाएं ॥

१. जन कल्याण हेतु, बुन्देलखंड के उत्थान हेतु सन् २०२९ तक कैंसर हॉस्पिटल बनवाया जाएगा।

२. वेदपाठी ब्राह्मणों और सनातन संस्कृति के संरक्षण के लिए धाम परिसर में गुरुकुल।

३. समय-समय पर बागेश्वर धाम सेवा समिति अपने संकल्पों को देश भर में पहुंचाने के लिए पत्रिका का आरम्भ करने वाली है।

श्री बागेश्वर धाम सिद्धपीठ संपर्क :

मोबाइल : +91 8120592371, +91 9630313209,

कथा की जानकारी के लिए WhatsApp +91 9630313211

श्री बागेश्वर धाम जन सेवा समिति,

श्री बागेश्वर धाम, गढ़ा (गंज), ज़िला – छतरपुर,

मध्यप्रदेश, भारत, पिन कोड ४७११०५

श्री बागेश्वर धाम सहयोग हेतु बैंक अकाउंट डिटेल :

Bank A/c. Name : Shri Bageshwar Jan Seva Samiti

HDFC A/c. No. : 50100358661865

IFSC Code : HDFC0004849

श्री बागेश्वरधाम सरकार फ़ाउंडेशन :

Account name- Shri bageswardham sarkar foundation

Account no- 44021964000

Ifsc code- SBIN0000347

Bank name- state bank of India chhatarpur

Website :

https://bageshwardham.co.in

YouTube :

https://www.youtube.com/@BageshwarDhamSarkar

https://www.youtube.com/@AcharyaDhirendraSastriOfficial

Instagram:

https://www.instagram.com/iambageshwardhamsarkar/

https://www.instagram.com/acharyadhirendrakrishnashastri/

Facebook:

https://www.facebook.com/bageshwardhamsarkarofficial

Twitter:

https://twitter.com/bageshwardham

॥ श्री बागेश्वर धाम ॥

पता –

श्री बागेश्वर धाम, गढ़ा (गंज), ज़िला – छतरपुर, मध्यप्रदेश, भारत,

पिन कोड ४७११०५

श्री बागेश्वर धाम पावन तीर्थ कैसे पहुंचे ? :

सड़क मार्ग से – श्रीबागेश्वरधाम खजुराहो से २५ कि.मी., व छतरपुर से ३० कि.मी. की दूरी पर है। यह पन्ना-खजुराहो रोड पर गंज किसान पेट्रोल पंप से बागेश्वर धाम रोड पर ५ कि.मी. की दूरी पर है। श्रीबागेश्वर धाम झांसी से १७८ कि.मी., ग्वालियर से २८० कि.मी., भोपाल से ३७६ कि.मी., इंदौर से ५६६ कि.मी., नई दिल्ली से ६३० कि.मी. दूर है।

ट्रेन से - श्रीबागेश्वरधाम खजुराहो रेलवे स्टेशन से २५ कि.मी., व छतरपुर रेलवे स्टेशन से ३० कि.मी. दूर है। यदि खजुराहो, छतरपुर की सीधी ट्रेन नहीं है तो झांसी, भोपाल, कानपुर, प्रयागराज या ग्वालियर जंक्शन आकर वहां से खजुराहो या छतरपुर की ट्रेन ली जा सकती है।

हवाई मार्ग से – श्रीबागेश्वरधाम खजुराहो एयरपोर्ट से २३ कि.मी. दूर है।

श्रीबागेश्वरधाम पावन तीर्थ संपर्क :

मोबाइल : +91 8120592371, +91 9630313209

॥ श्री बागेश्वर बालाजी सनातन मठ महाराष्ट्र ॥

महाराष्ट्र में श्रीबागेश्वरधाम के भक्तों की संख्या बहुत बढ़ गई है। बहुत से लोग तो श्रीबागेश्वरधाम, गढ़ा गाँव, म.प्र. तक आ जाते हैं, लेकिन कई लोग आ नहीं पाते। भक्तों को कोई तक़लीफ न हो उनकी अर्जी जल्दी-से-जल्दी पूरी हो और उनको श्रीबागेश्वरधाम सरकार के एवं परम पूज्य श्री गुरुदेव भगवान् के दर्शन लगातार होते रहें ऐसा विचार करके भिवंडी में मंदिर की स्थापना हुई है।

पता –

श्रीबागेश्वर बालाजी सनातन मठ महाराष्ट्र, इंडियन ऑइल कॉर्पोरेशन लिमिटेड, भिवंडी, ज़िला ठाणे, महाराष्ट्र, भारत, पिन कोड 421308

श्रीबागेश्वर बालाजी सनातन मठ कैसे पहुंचे ?:

सड़क मार्ग से – सनातन मठ ठाणे नाशिक हाइवे पर है।

ट्रेन से – कल्याण स्टेशन सनातन मठ के सबसे नज़दीक रेलवे स्टेशन है। देश के सभी मुख्य शहरों से मुंबई के लिए ट्रेन हैं, वहां से टैक्सी द्वारा मठ पहुँचा जा सकता है।

हवाई मार्ग से – देश एवं विदेश के सभी मुख्य शहरों से मुंबई छत्रपति शिवाजी महाराज हवाई अड्डे के लिए फ्लाइट्स हैं। हवाई अड्डे से श्रीबागेश्वर बालाजी सनातन मठ की दूरी लगभग 65 कि.मी. है, जिसे तय करने में टैक्सी द्वारा 1-2 घंटे का समय लगता है।

श्रीबागेश्वर बालाजी सनातन मठ संपर्क :

मोबाइल : +91 9975150214

परम पूज्य 'श्री बागेश्वर धाम सरकार' संतों के साथ

स्वामी श्रीरामभद्राचार्यजी, तुलसीपीठाधीश्वर, चित्रकूट, म.प्र. के श्रीचरणों की सेवा में तत्पर

शंकराचार्य स्वामी श्रीनिश्चलानंद सरस्वती, गोवर्धनपीठ पुरी,ओडिशा

श्रीगोविंददेव गिरिजी, पुणे, महाराष्ट्र

स्वामी श्रीचिदानन्द सरस्वतीजी, ऋषिकेश; श्रीमुरारी बापू, गुजरात

गीता मनीषी स्वामी श्रीज्ञानानंदजी महाराज, अंबाला, हरियाणा

स्वामी श्रीकैलासानंदजी महाराज

सतुवा बाबा श्रीसंतोष दासजी, बनारस, उ.प्र.

श्रीतुलसीपीठ -चित्रकूट, उत्तराधिकारी आचार्य श्रीरामचन्द्रदास जी

जैन आचार्य डॉ. श्रीलोकेश मुनिजी, नई दिल्ली

स्वामी श्रीराजेन्द्रदास देवाचार्यजी मलूकपीठाधीश्वर, श्रीचिन्ना जीयरजी हैदराबाद, श्रीकिशोरदासदेवजी के साथ

श्रीइन्द्रेश उपाध्यायजी, वृन्दावन, उ.प्र.

श्रीअनिरुद्धाचार्यजी, वृन्दावन, उ.प्र.

श्रीपुण्डरीक गोस्वामीजी वृन्दावन, उ.प्र.

डॉ. श्रीसंजीव कृष्ण ठाकुरजी, गोवर्धन, उ.प्र.

श्रीबालक योगेश्वरदासजी, श्रीबद्रीनाथ धाम, उत्तराखंड

श्रीऋतंभरा माँ, वृन्दावन, उ.प्र.

स्वामी श्रीरामदेवजी, हरिद्वार, उत्तराखंड

कथावाचक देवी चित्रलेखाजी

संतों के लाडले-दुलारे 'श्री बागेश्वर धाम सरकार'

परम पूज्य श्री बागेश्वर धाम सरकार विशिष्ट लोगों के साथ

23 फ़रवरी 2025 को माननीय प्रधानमंत्री श्री नरेन्द्र मोदी जी ने श्रीबागेश्वरधाम हनुमानजी के दर्शन किए एवं श्रीबागेश्वरधाम मेडिकल साइंस एंड रिसर्च इंस्टीट्यूट का शिलापूजन कर श्रीबागेश्वरधाम कैंसर हॉस्पिटल की आधारशिला स्थापित की।

26 फ़रवरी 2025 को महामहिम राष्ट्रपति श्रीमति द्रौपदी मुर्मू जी ने श्रीबागेश्वरधाम हनुमानजी के दर्शन किए एवं 251 निर्धन कन्याओं को गृहस्थाश्रम में प्रवेश करने के लिए आशीर्वाद दिया।

स्वतंत्र भारत के इतिहास में ये पहला अवसर है जब एक ही स्थान पर तीन दिन के अंदर देश के सर्वोच्च पदाधिकारी, माननीय प्रधानमंत्री एवं महामहिम राष्ट्रपति दोनों का आगमन हुआ।

आक्रामक बल्लेबाज 'आधुनिक क्रिकेट के ज़ेन मास्टर' श्रीवीरेन्द्र सहवाग, जिन्हें लोग प्यार से 'वीरू' कहते हैं, ने श्रीबागेश्वरधाम पर आकर 251 कन्याओं के विवाह में सद्भावनाएं दीं एवं श्रीबागेश्वरधाम हनुमानजी के दर्शन किए।

हमेशा मुस्कुराता हुआ चेहरा, टीम-स्पिरिट के आदर्श, बाएं हाथ के बल्लेबाज श्री शिखर धवन ने श्रीबागेश्वर बालाजी सनातन मठ, महाराष्ट्र पहुँच कर श्रीबागेश्वरधाम सरकार का आशीर्वाद लिया और उनके साथ क्रिकेट खेलने का आनंद भी लिया।

श्रीबागेश्वरधाम सरकार के अत्यंत प्रिय कृपापात्र' द ग्रेट खली' ने श्रीबागेश्वरधाम पर 24 फरवरी 2025 को WWE की तर्ज पर CWC का आयोजन किया, जिसमें द ग्रेट खली के साथ देशभर के रेसलरों ने अपना हुनर दिखाया।

हिन्दी सिनेमा में सबके चहेते 'संजू बाबा', अभिनेता श्री संजय दत्त 'श्रीबागेश्वरधाम सरकार' की सनातन एकता यात्रा में 25 नवंबर 2024 को शामिल हुए और उन्होंने कहा, "बाबा बागेश्वरधाम सरकार के प्यार की वजह से यहाँ आया हूँ।"

90 के दशक के नामी विलेन श्रीगोविंद नामदेव जी का अभिनय खलनायिकी के लिए मिसाल माना जाता है। श्रीगोविंदजी ने श्रीबागेश्वर बालाजी सनातन मठ, महाराष्ट्र पहुँच कर श्रीबागेश्वरधाम सरकार का आशीर्वाद लिया।

टेलीविजन सीरीज़ 'रामायण' में भगवान् राम की भूमिका निभाने वाले श्रीअरुण गोविलजी ने महाकुंभ के दौरान परम पूज्य श्रीबागेश्वरधाम सरकार की कथा में श्रीप्रयागराज आकर आशीर्वाद लिया।

खाटूश्यामजी और सालासर बालाजी के भजन गाने वाले लोकप्रिय भजन गायक श्रीकन्हैया मित्तल जी श्रीबागेश्वरधाम सरकार के चरणों में हमेशा नतमस्तक रहते हैं।

भोजपुरी फिल्मों के सुपरस्टार, राजनेता, लोकसभा के सदस्य और संगीत निर्देशक श्रीमनोज तिवारीजी श्रीबागेश्वरधाम सरकार के अत्यंत कृपापात्र श्रीबागेश्वरधाम के लगभग हर आयोजन में बढ़चढ़ कर हिस्सा लेते हैं।

विदेशों में 'श्री बागेश्वर धाम सरकार' की कथाएं

सिडनी, मेलबर्न, ऑस्ट्रेलिया में कथा

फीजी में कथा

चतरा धाम, नेपाल में कथा

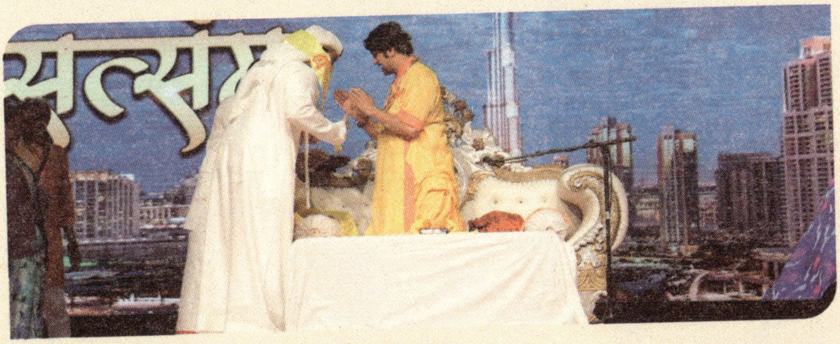

दुबई में कथा